신앙은 가난을 극복할 수 있는가?

신앙은
가난을
극복할 수 있는가?

첫 번째 대담:
김동호 목사와 김일환 목사의
'돈'에 관한 근사한 대화

/

김동호 · 김일환

규장

김동호 목사

신앙은 내가 하나님 차원으로 올라가야 하는 건데,
우리는 매번 하나님을 내 차원으로 끌어내려서
내 문제를 내 욕심대로 해결하려 합니다.
내가 생각하는 대로 바꿔달라고 하는 거죠.
결국 자기 팔자(八字) 고쳐달라는 거거든요.

김일환 목사

그런데요 목사님, 대부분의 사람들이
자기 팔자(八字)를 고치려고 신앙생활을 합니다.
그게 그렇게 잘못된 걸까요?

'신앙은 가난을 극복할 수 있는가?' 과감한 제목이면서 부담스러운 주제입니다. 신학자와 목회자 중에 여기에 탁월하게 대답할 수 있는 사람이 어디 있을까요?

그러나 김일환 목사님은 대담이라는 형식을 통해 김동호 목사님과 수준 높은 대화를 하고 있습니다. 그래서 우리 시대에 잃어버린 신앙의 멋을 되살리며, '극복한다'의 신앙적 의미를 가르쳐줍니다.

이 책은 부자되는 비법을 가르쳐주기보다 어떤 사람, 어떤 신앙의 결기를 가진 사람이 될 것인가를 자신에게 묻게 합니다. 중심 주제가 돈처럼 보이지만, 실제로는 사람입니다. 즉 신앙의 사람과 그들의 공동체는 어떠해야 하는지를 말해줍니다. 칼 마르크스(Karl Marx)가 같은 유물론자인 포이어바흐(Feuerbach)의 인간론에 대해 비현실적이고 관념적이라고 비판했듯이, 돈을 논외로 한 신앙의 가르침은 어쩌면 뜬구름 잡는 허상일 수 있습니다. 따라서 이 책은 가장 실제적이고 현실적인 주제인 돈과 관련된 소소한 이야기들을 통해 궁극적으로는 참된 신앙인의 길이 무엇인지를 제시해줍니다.

김일환 목사님의 사려 깊은 질문이 인상적이었습니다. 그리고 김동호 목사님의 담백한 답변 속에서 엿보이는 자족하며 섬기고 도전하고 책임지는 멋진 신앙적 삶은, 더 인상적이었습니다. 왜냐면 삶을 넘어서는 신앙은 없고, 신앙을 넘어서는 삶도 없기 때문입니다.

분명 이 대담이 주는 단단한 메시지는, 혼란스런 삶을 살아가는 이 시대 신앙인들에게, 특히 젊은 세대들에게 여전히 믿음직한 나침반이 될 것이라 생각합니다.

박영식 | 서울신학대학교 교수, 한국조직신학회 회장

/

신앙은 가난을 극복할 수 있는가?

괴로운 시절을 잘게 부수어 곱씹으면서 토해내었던 비릿한 고민들이 있다. 풀어 말하자면, '신앙은 결국 사유(思惟)의 전유물인가?' 같은 고민이다. 만약 그대가 신앙이라 부르는 것들이 현실에서 직면하는 허들(hurdle)을 뛰어넘지 못한다면, 결국 신앙은 가장 무기력한 상념이 아닐까?

똑바로 서서 문제를 직관해보자. 그대가 현실 속에서 매일 직면하고 있는 건 무엇인가? 그것은 '가난'이라고 부르는 현실의 문제 아닐까? 물론 '가난'의 정의는 사람마다 사회마다 다르리라. 그러나 현실을 극복하고자 해온 그 모든 노력과 준비들은 결국, 돈을 벌겠다는 일념의 간절한 알짬 아니겠는가? 그래서 짐짓 해찰궂은 표정으로 묻는다.

"신앙은 가난을 극복할 수 있는가?"

사실 '신앙'과 함께 '가난'을 말하는 것은 '주례'와 '장례'를 동시에 치르는 것 같은 일이다. 어느 날의 어둠에선 사랑이 태어나고, 어느 날의 어둠에서는 사망이 태어난다.

교회 안에 가장 쓸모없는 거짓말은, 신앙으로 가난을 정당화하거나 가난을 개인의 믿음 부족으로 여기는 환원 문법이다. 동일하게 부(富)를 접근하는 태도도 마찬가지리라. 이건 피로감을 넘어서, 위험한 방식이다.

그리하여 교회 안에서는 물론 신앙을 다루는 많은 책에서도 가난은 직접 다뤄지기보다 다른 언어로 우회되거나 침묵 속에 남겨져 있었다. 그러나 한 가지는 확실하게 말해두고 싶다. 그대의 '부'가 하나님의 사랑의 증거가 아니듯, 그대의 '가난' 역시 하나님의 저주의 표식이 아니다.

만약 그대의 통장에 10억이 있다고 쳐보자. 그렇다면 그대는 부자일까? 그럼에도 그대 옆에 있는 거지에게 1만 원도 내어줄 수 없다면, 그대야말로 가장 빈곤한 사람 아니겠는가?

그렇다면 반대편의 질문은 어떨까? '가난'에 대해선 어떻게 정의해내겠는가? 이렇게 대답하지 않을까? 스스로 구제할 수 있는 능력이 있음에도 불구하고, 타인의 도움만 바라는 것이 가장 가난한 태도라고. 신앙이 있는데 왜 노력하지 않냐고.

그것이야말로 하나님을 믿지 않는 태도라고.

질문은 포식하나, 대답은 늘 허기지다. 투명한 어둠을 닮은 질문들은, 사실 그대의 마음속에 어린 새순같이 살아 있는 신앙의 표징이다. 그렇다면 이 거칠고 어리석은 질문에 대답해줄 사람이 누구인가?

–

나는 감히, 김동호 목사님을 나의 자리로 불러냈다. 그 분은 조국 교회에 돈에 대해 가장 많이, 가장 직설적으로 설교해 오신 분이다. 한국교회에 '청부론'을 설파한 거인이다. 그러나 그를 아는 모두가 동의하듯, 그는 단순히 부를 신앙하거나 긍정하는 분은 아니다. 오히려 가난에 대한 탁월한 연구와 이해가 있는 분이다. 그래서 우리는 그 분을 우리들의 시절에 '어른'이라고 부르기에 주저하지 않는다.

나는 나의 자리에서 김동호 목사님에게 무람없는 반찬 같은 질문들을 올렸다. 때로는 거칠게, 때로는 어리석게, 그리고 때로는 아프게 질문을 드렸다. 나는 손바닥만 한 작은 생선에서 가시를 발라내고 살만 파낸 듯한 답을 원했다. 정말이지 어느 정도 예의가 없었다. 그러나 이건 나만의 질문이 아니라,

신앙과 현실 사이에서 씨름하는 그대의 질문이기도 하리라.

　그러나 김동호 목사님은 안온한 식탁을 차린 어머니 같은 미소로, 설익은 나의 질문들을 어루만져주었다. 때로는 포옹으로, 때로는 입맞춤으로 환대해주었고, 따뜻하게 등을 두드려주었다. 질문이 끝날 때면 정성스러운 성찬을 차려내듯 굶주린 나의 배를 채워주셨고, 나도 모르는 어둠을 짚어주기도 하셨다.
　김동호 목사님과의 대화는 가난을 단순한 사회 문제나 개인의 형편으로 축소하는 데로 흐르지 않았다. 오히려 그 분은 가난은 신앙이 삶의 실제에서 어떻게 작동하는지를 드러내는 실존으로 해석하였다. 붙여 설명하자면, 그대는 매일매일 돈을 벌지만, 부자가 되는 것이 신앙의 목표는 아니었다는 의미다.

　흥미로운 점은 이 대담이 곧바로 '가난'을 논하지 않고, '돈이란 무엇인가?'라는 보다 더 근본적인 질문으로 나아간다는 데 있다. 김동호 목사님은 돈을 삶에서 분리된 주제가 아니라, 신앙과 가장 밀접하게 맞닿아 있는 현실의 언어로 다룬다. 돈을 어떻게 이해하느냐에 따라 가난과 부를 대하는 태도

역시 달라지기 때문이다. 그러니 이 대담집은, 돈을 신앙의 바깥으로 밀어내는 대신 신앙 안에서 사유할 수 있는 대상으로 불러온다.

결론적으로 우리는 교회론을 제시한다. 김동호 목사님은 목회의 현장에서 가난을 극복했던 방식을 제시하며, 성도들의 여러 사례를 이야기한다. 그리고 나도 감히 우리가본교회에서 성도들이 가난을 극복한 적극적인 방식을 나눈다. 우리가본교회는 확실한 의미에서 신앙으로 가난을 극복하고 있으며, 지금도 우리 교회가 추구하는 새로운 삶의 탄생에 대해 설득하고 있다.

대담은 어느새 호흡을 맞춘 장단이 되어 굿거리장단, 자진모리장단, 휘모리장단으로 휘몰아친다. 우리의 대담은 들을수록 흥이 나고 '얼쑤' 하는 추임새가 절로 나 결국 흥이 가득 오른 얼굴로 얼큰한 춤을 추게 한다. 나도, 그대도, 우리 모두가 말이다.

주지하듯, 이 대담은 독자에게 하나의 결론을 제시하기보다 질문의 자리에 함께 서기를 권한다. 신앙의 형편을 바꿀 수 있는지를 묻기보다 어떤 형편 속에서도 삶을 잃지 않게 하는 중심이 무엇인지를 묻는다. 이 책은 그 질문을 끝까지 놓지 않고 따라가는 두 목사의 사유와 대화의 기록이다.

　그러니 그대도, 여기서 함께 대화하자.

김일환 목사

Conversation

PART

01 ——— 만남

─────── 대담은 곧 책의 핵심 주제인 '가난'에 닿지만, 김동호 목사는 그보다 먼저 '돈'이라는 근본을 성찰해야 한다고 말한다. 돈을 오해하면 가난과 부, 그리고 삶을 살아내는 태도까지 모두 흔들린다. 김일환 목사는 이런 문제의 뿌리를 한국교회의 침묵에서 읽어낸다.

김동호(1951生)와 김일환(1986生). 생경한 만남은 단아한 인사로 시작되지만, 그 인사는 곧 두 인물의 세계를 드러내는 입구가 된다.

은퇴 9년 차라 말하면서도 여전히 다층적 사역 한가운데 서 있는 김동호 목사는 자신의 역할을 '보급부대'에 비유한다. 에스겔선교회, 사단법인 피피엘(PPL, 더 좋은 세상), 유튜브 '날마다 기막힌 새벽(날기새)', '날기새 스쿨'까지. 그의 은퇴는 쉼이 아니라 방향의 전환에 가깝다. 그는 스스로를 조명 한가운데서는 주인공이기보다 빛을 비추는 손에 가깝다고 겸손히 설명한다.

이에 응답하듯 등장하는 김일환 목사는 개척교회(우리가본교회) 목사이자 젊은 기독교 작가이다. 그는 책이 외면받는 시대에도 '아름다움이 살아 있는 문장'을 꿈꾼다. 느리고 단단한 미학을 긍정한다. 그는 좋은 책이란 "완성된 해답이 아니라, 자간과 행간에서 배어나는 사유의 흔적"이라고 정의하며, 이 대담의 방향을 잡아가는 질문자로 자리한다.

대담은 곧 책의 핵심 주제인 '가난'에 닿지만, 김동호 목사는 그보다 먼저 '돈'이라는 근본을 성찰해야 한다고 말한다. 돈을 오해하면 가난과 부, 그리고 삶을 살아내는 태도까지 모두 흔들린다. 김일환 목사는 이런 문제의 뿌리를 한국교회의 침묵에서 읽어낸다. 그동안 조국 교회에서 다룬 돈의 문법은 헌금과 건축, 십일조만 강조하는 데 그쳤다고 지적한다. 그러면서 성도의 삶과 맞닿은 노동, 소비, 저축의 문제는 다루지 못해왔다고 진단한다.

이 첫 장은, 서로 다른 세대와 경험을 지닌 두 목사가, 결국 "신앙과 경제, 가난과 부를 새롭게 성찰해야 한다"라는 같은 부담을 품고 이 대담을 시작하고 있음을 보여준다. 이 첫 번째 만남은 이후의 모든 대담의 장을 여는 조용한 서문이 된다.

"

안녕하세요? 목사님

김일환 안녕하세요, 김동호 목사님. 먼저 자기소개를 해주시겠어요?

김동호 안녕하세요? 김동호 목사입니다. 저는 은퇴한 목사이고 은퇴한 지 9년 차에 들어섰습니다. 지금은 에스겔선교회

대표와 은퇴하면서 개인적으로 만든 사단법인 피피엘의 이사장을 맡고 있어요.

주로 하는 일은 '날마다 기막힌 새벽' 유튜브 방송이고, 3년 전부터는 아이들에게도 뭔가 들려주고 싶어서 '날기새 스쿨'을 시작했는데, 그게 제 주된 일이죠.

김일환 목사님, 은퇴하시고도 현역에 있을 때만큼 엄청 바쁘시네요.

김동호 아니에요, 노는 게 제일이죠. (웃음)

김일환 놀 틈도 없으실 것 같은데요. 특별히 지금 저희가 있는 '에스겔선교회'에 대해서 설명해주실 수 있을까요?

김동호 에스겔선교회의 시작이 참 재미있습니다. 우리 교회 출신 청년 선교사가 갑자기 선교 후원이 끊겼어요. 그래서 걱정이 돼서 그 선교사를 어떻게든 후원해주려고 급조했던 것이 시작이었어요. 외국에 나가서 선교하는데 후원이 끊기면 어떻게 사나 걱정이 됐죠. 그런 작은 걱정에서 시작된 선교회입니다.

지금은 선교사 열네 분 정도를 지원하고 있습니다. 제가 '날마다 기막힌 새벽'(날기새) 유튜브 방송을 하는데, 날기새를 통해 구독자들이 후원금을 보내주세요. 그래서 에스겔선교회가 커진 거죠.

에스겔선교회는 참 중요합니다. 우리가 직접 일하는 것도 좋지만 잘하는 분들을 도와주는 것도 중요하잖아요. 전쟁으로 비유하자면 전투부대가 있고 보급부대가 있어야 하는 거예요. 보급이 중요하잖아요. 에스겔선교회는 보급부대 같은 역할을 하면 좋겠다고 생각했습니다. 우리가 직접 하는 것보다는, 잘하는 분들을 도와서 보급하는 일을 주로 하고 있어요. 재미있어요. (웃음)

자, 이제 독자들이 제 소개는 충분히 들으셨으니, 함께 이 이야기를 이끌어갈 김일환 목사님은 누구신지 여쭤봐야겠지요? 목사님도 자기소개를 해주세요.

김일환 안녕하세요, 목사님. (웃음) 저는 김일환 목사이고, 현재 우리가본교회(기성)를 개척했습니다. 저도 여러 가지 활동을 하고 있지만, 가장 상징적으로 생각하는 것은 기독교 작가로 활동하는 것입니다. 저는 좋은 책을 쓰고 싶어요. 지금은 책을 읽지 않는 시대라고 하지만, 그것을 감히 역행해보고 싶습니다. 그리고 그런 일환으로 목사님과 대담을 하게 되었어요.

김동호 좋네요. 그런데 젊은 김일환 목사님이 생각할 때, 좋은 책이란 뭐죠?

김일환 여러 가지로 표현할 수 있겠지만, 제가 생각할 때 좋은
책은 '미학'(美學)이 있는 책이에요. 그리고 그 미학은, 완
성된 제품 같은 가르침이 있는 책이 아니라 오히려 읽을
수록 아름다움을 배울 수 있는 책이라고 생각합니다.
제가 생각하는 책의 아름다움은 저자가 주머니 속에 가
진 답을 꺼내 보여주는 듯한 서론, 본론, 결론의 나열이
아니에요. 오히려 글의 행간과 자간 사이에서 피어나는
저자의 고민과 사색, 그리고 확신과 실험이 골고루 다 심
겨 있는 책이라고 할 수 있을 것 같습니다. 개인적인 바
람으로는, 이 책이 그런 책이 되기를 소망해봅니다.

대담의 이유

김동호 젊은 목사님의 진지한 눈빛이 좋네요. (웃음) 그런데 많은
주제 중에 왜 '가난'을 주제로 저와 대담을 생각했을까
요?

김일환 그야 당연히 목사님이 '청부론'의 대가이기 때문이죠. (웃
음) 제가 '가난'이라는 주제로 목사님과 대담을 나누고

싶은 이유는, 이것이 우리 신앙에서 중요한 주제인 동시에 잃어버린 주제라고 생각하기 때문이에요. 목회자나 성도 모두 가난과 신앙의 관계를 너무 어렵게 생각하거나 불편하게 여겨서 피하는 것 같습니다. 그러나 확실한 것은, 이것이 우리에게 피할 수 없는 신앙의 주제란 점입니다.

목사님과 함께 이야기하면서 많은 크리스천에게, 특히 젊은 청년들에게 돈에 관한 다양한 통찰을 전해주고 싶습니다. 특별히 성경에서 이야기하는 소중한 정신을 말해줄 수 있다면, 그것이 이 책의 아름다운 쓸모가 되지 않을까 싶어요. 이 책이 '신앙과 가난', '부와 자족', '돈과 믿음', '경제와 하나님나라'에 대해 더 좋은 방향을 제시해줄 수 있으면 좋겠습니다.

본격적으로 이야기해볼게요. 대담의 주제는 '신앙은 가난을 극복할 수 있는가'입니다.

김동호 이제 '가난'을 중점적으로 다루겠지만, 제가 하고 싶은 얘기는 '돈'이에요. 우리 삶에서 가장 중요한 가치 중 하나이고 사람들이 목을 매고 사는 게 돈인데, 그 돈에 대한 철학이 정확해야 하거든요. 그게 신앙이고 신학입니다. 그래서 돈에 대한 신학이 정확해야 합니다. 그걸 잘못 이해해 놓으면 삶 전체가 엉뚱한 데로 가게 되거든요.

그런데 제가 보기에는 많은 크리스천이 돈에 대해 오해를 하고 있어요.

돈이 뭔지 정확히 알면 가난은 뭐고, 가난할 땐 어떻게 살아야 하는지, 또 부할 때는 어떻게 살아야 하는지가 분명해집니다. 엄밀히 말하면 가난은 돈의 문제잖아요. 그러니까 가난보다 더 근본적인 문제인 돈을 먼저 다루고 싶고, 가난을 얘기할 뿐 아니라 부에 관해서도 얘기해보고 싶어요.

김일환 방금 목사님께서 지적하셨던 대로 많은 크리스천에게 돈에 대한 신학과 철학이 부재한 상황입니다. 그 원인이 어디에 있을까요?

저 스스로 생각해보길, 그것은 교회에서 신앙과 돈 이야기를 하지 않는 것에서 시작된 게 아닐까 싶습니다. 어쩌면 우리가 복음이라고 부르는 것들이 우리 실생활과 가장 밀접하게 닿아 있는 돈을 말하지 못하고 있어서 이런 부재가 생긴 것 같은데요, 이것에 대해선 어떻게 생각하세요?

김동호 그렇죠. 많은 목사가 돈 이야기를 터부시하고 있어요. 돈에 대한 부정적인 것들만 주로 얘기합니다. 옛날에 선비들은 돈 이야기를 하면 유치한 사람, 시시한 사람으로 취급했잖아요. 그런 문화가 교회 안에도 들어온 것 같아요. 마치 신앙 좋은 사람은 돈에 무관심해야 하는 것처럼 여기죠. 하지만 돈에 대해 무지하다 보니 잘못된 가치관을 받아들여 살게 되는 경우가 많아요. 돈이 뭔지, 성경은 돈에 대해서 뭐라고 말하는지, 예수님을 믿는 사람은 돈에 대해 어떻게 생각하며 살아야 하는지를 가르쳐야 합니다.

김일환 맞습니다. 교회에서 돈을 이야기한대도 정작 성도들이 고민하는 노동의 문제나 돈을 어떻게 모으고 사용하는지에 대한 부분은 거의 다루지 않고, 오히려 헌금, 건축, 십일조 이 세 가지만 강조하는 것 같아요. 목사님은 이런 부분에 있어서 좋은 가르침을 주실 수 있는 한국교회의 귀한 어른이시니 이 대화가 더욱 기대가 됩니다.

돈이 뭔지 정확히 알면
가난은 뭐고,
가난할 땐
어떻게 살아야 하는지,
또 부할 때는
어떻게 살아야 하는지가
분명해집니다.
엄밀히 말하면
가난은 돈의 문제잖아요.

Faith

"

PART

02 —— 신앙은

"

─────── 하나님의 존재하심과 전지전능하심, 그 전지전능하신 분이 나를 사랑하신다는 것을 믿는 게 신앙이라는 말씀이시죠? 그렇다면 과연 이것이 삶에 다양하게 퍼져 있는 모든 문제를 해결할 수 있을까요?

두 목사는 다시 근본으로 향한다. "신앙이란 무엇인가?"라는 질문 앞에 김동호 목사는 이를 세 가지 고백으로 압축한다. 하나님은 살아 계시고, 전능하시며, 우리를 사랑하신다. 그는 이 세 가지 진술이 삶의 문제를 다시 보게 하는 토대라고 말한다. 그래서 신앙은 문제를 제거해주는 힘이 아니라, 문제를 다른 차원에서 보게 하는 눈에 가깝다고 설명한다.

이 관점에서 가난과 부, 질병과 실패도 새롭게 해석된다. 그는 신앙을 "마부를 양반으로 만드는 기적"이 아니라 "마부의 일을 더 깊이, 더 정직하게, 더 아름답게 해내게 하는 변화"라고 말한다. 김일환 목사는 이 지점을 확장하여, 좋은 교회란 시설이나 규모가 아니라 이러한 복음의 본질을 삶 속에서 실험하게 하는 공동체라고 정리한다. 김일환 목사는 결국 교회의 문법이 성도의 삶에 얼마나 효용감 있게 직결되는지를 말한다. 동시에 그런 고민이 빠진 목회자의 설교가 얼마나 비성경적인지를 반문한다.

또한 김동호 목사는 신앙이 자라지 못하는 이유가 성도에게 왜곡된 복음을 가르치기 때문이라고 지적한다 "예수 믿으면 성공한다"는 식의 약속이 신앙을 소유 중심으로 흐르게 만들었다는 것이다. 반면, 말씀을 배우고 그것을 삶에 심어볼 때 신앙은 체험과 순종의 결을 따라 자란다고 말한다. 김일환 목사는 신앙이 사용되는 용도에 대해 탐구하고 고민한다. 우리가 신앙이라 부르는 것들이, 과연 하나님 보시기에도 신앙이라 인정받을 수 있는지 반성한다.

상처, 시험, 가난, 질병을 어떻게 통과하는지도 중요한 주제로 등장한다. 김동호 목사는 환경이 아니라 내면의 힘이 신앙을 결정한다고 말한다. 그는 자신에게 찾아온 암마저 '은사'라 부르며, 그 안에서 새로운 의미를 찾아낸 치열한 경험을 전한다. 신앙은 현실을 지우는 능력이 아니라, 그 현실 위를 건너갈 수 있게 시선을 바꾸는 힘이라는 결론으로 이 장은 닫는다.

"

신앙이란 무엇인가요?

김일환 먼저 신앙에 관해서 이야기해보겠습니다. 가장 근본적인 질문인데요, 목사님이 생각하시는 신앙이란 어떤 것인지 짧게 말씀해주세요.

김동호 세 문장으로 답해볼게요. (웃음) 하나님이 계십니다. 하나님이 하나님 되십니다. 그분은 천지를 창조하신 전지전능한 창조주이시고, 그분이 나를 사랑하세요.

이게 다 아닐까요? 다른 모든 건 여기에서 파생되는 것들이죠. 여기에서 답을 다 찾을 수 있습니다.

하나님이 저를 사랑하신다고 해도 무능하시면 믿을 필요 없잖아요. 그냥 좋아할 수는 있겠지만 신앙이라고 할 수는 없죠. 또 하나님이 아무리 전지전능하시다고 해도 저를 사랑하지 않으시면 그 전능하심이 저하고 관계가 없잖아요.

그러니까 하나님이 계신 것과, 성경에 나오는 그분이 천지를 창조하신 하나님이시고, 그분이 저를 사랑하신다는 것, 이것을 믿는 것이 신앙입니다.

김일환 하나님의 존재하심과 전지전능하심, 그 전지전능하신 분이 나를 사랑하신다는 것을 믿는 게 신앙이라는 말씀이시죠? 그렇다면 과연 이것이 삶에 다양하게 퍼져 있는 모든 문제를 해결할 수 있을까요?

김동호 당연하죠. 살다 보면 여러 가지 문제들이 생기잖아요. 하나님을 신앙한다면서, '내 모든 문제를 내가 다 해결하고, 내가 다 할 수 있어'라고 생각한다면 그게 무슨 신앙이겠어요? 우리는 나약한 존재고, 언제나 한계에 부딪히는 존재잖아요.

그런데 삶의 많은 문제로 넘어지는 일이 있을 때마다 전 좌절하지 않아요. 정말 태산과 같은 장애물이 가로막아서 '이제 죽었구나' 싶을 때도, 저는 그렇게 생각 안 합니다. "내가 산을 향하여 눈을 들리라 나의 도움이 어디서 올까 나의 도움은 천지를 지으신 여호와에게서로다"(시 121:1,2). 이게 바로 신앙이 나오는 지점이고, 그 상황에 딱 맞는 고백이거든요.

분명 살다 보면 어떤 문제가 있어요. 도저히 넘어갈 수 없을 것 같아요. 사방이 높은 산으로 둘러싸였다고 생각할 수 있죠. 그런데 신앙은 바로 그런 상황에서 빛을 발하는 거예요.

그런데 많은 사람이 신앙하면 그런 상황 자체가 안 닥칠 것으로 생각합니다. (웃음)

김일환 신앙이 모든 것을 극복할 수 있다고 하셨는데, 목사님이 말씀하신 대로 태산과 같은 문제가 우리에게 항상 있어요. 그 문제가 가난일 수도 있고, 반대로 너무 부유해서 생긴 문제일 수도 있고, 여러 가지가 될 수 있죠. 신앙은 그 태산 위에서 새로운 것을 바라보는 인식, 바로 하나님을 바라보는 것이죠. 그렇다면 신앙이라는 건 하나님을 인식하는 인식론의 문제라고 볼 수 있겠네요.

여기서 신앙에 대해서 한 가지 질문을 더 하겠습니다. 많은 사람이 여전히 하나님을 삶의 모든 부분에서 인식하지 못하고 있어요. 신앙이 있음에도 불구하고 신앙적인 방법으로 해결하지 못하거나 하나님을 통해서 해결하지 못하고 있죠. 이 원인은 어디에 있다고 보시나요? 왜 성도들의 신앙이 성장하지 못하는 걸까요?

김동호 좋은 질문입니다. 저는 하박국 선지자의 말씀을 참 좋아합니다. "비록 무화과나무가 무성하지 못하며 포도나무에 열매가 없으며 감람나무에 소출이 없으며 밭에 먹을 것이 없으며 우리에 양이 없으며 외양간에 소가 없을지라도 나는 여호와로 말미암아 즐거워하며 나의 구원의 하나님으로 말미암아 기뻐하리로다"(합 3:17,18). 그러면서 하박국이 무슨 얘기를 하는가 하면 "주 여호와는 나의 힘이시라 나의 발을 사슴과 같게 하사 나를 나의 높은 곳으로 다니게 하시리로다"(합 3:19)라는 표현을 써요.

신앙은 하나님을 바라보는 거잖아요. 그러면 우리가 하나님의 차원에서 생각하는 걸 배워야 합니다. 하나님의 눈으로 가난을 봐야 합니다. 하나님의 눈으로 자기 현실의 문제를 봐야 합니다. 그렇게 되면 문제가 풀리거든요. 그런데 우리는 어떻게 신앙을 풀려고 하는가 하면, 하나님을 우리 세계로 끌어들여서 내가 생각하는 대로 그 문제가 해결되길 바라며 하나님을 이용하려고 해요. 그건 미신적인 사고방식이죠. 환경과 처지를 바꾸려고 빌고, 제사를 지내는 것과 다를 바가 없잖아요.

저는 극복이라는 말을 참 좋아하는데, 극복은 차원을 뛰어넘는 거예요. 그 차원을 뛰어넘어서 보니까, 그전에는 가난하면 못 사는 줄 알고 부자가 돼야 잘 사는 줄 알았는데, 그게 아닌 거죠. 가난해도 가난에 처할 줄 알면 잘 사는 것이고, 부해서 돈이 많다고 저절로 잘 살아지는 것도 아닙니다. '이런 모양으로 살아야 진짜 잘 사는 거구나'라는 걸 보게 되는 거죠.
그쯤 되면 가난과 부함이 삶의 큰 문제가 아니게 되는데, 그게 '극복'하는 거예요.
"가난 괜찮아요. 잘 살 수 있어요."
"부하면 좋죠. 감사합니다. 제가 정말 좋은 부자가 되어서 잘 살아 볼게요."
이렇게 상황을 뛰어넘는 것입니다. 신앙은 내가 하나님의 차원으로 올라가야 하는 건데, 우리는 자꾸 하나님을 끌어들여서 내 문제를 내 욕심대로, 내가 생각하는 대로 바꿔달라고 합니다. 팔자 고쳐달라는 것이거든요. 그건 미신입니다.

분명 살다 보면 어떤 문제가 있어요.
도저히 넘어갈 수 없을 것 같아요.
사방이 높은 산으로
둘러싸였다고 생각할 수 있죠.
그런데 신앙은 바로 그런 상황에서
빛을 발하는 거예요.
신앙은 하나님을 바라보는 거잖아요.
그러면 우리가 하나님의 차원에서
생각하는 걸 배워야 합니다.
하나님의 눈으로 가난을 봐야 합니다.
하나님의 눈으로 현실의 문제를 봐야 합니다.
그렇게 되면 문제가 풀리거든요.

김일환 굉장히 중요한 말씀을 하셨는데, 많은 사람이 팔자 고치려고 신앙생활을 하는 것 같아요.

김동호 그건 미신이에요. 성경 어디에 팔자 고치라고 했나요?

김일환 그런데 왜 사람들은 그렇게밖에 인식을 못 할까요? 신앙은 인식론에 관한 문제인데….

김동호 목사들이 그렇게 잘못 가르쳤어요. '예수 믿으면 부자 된다'라고 하고, '예수 믿으면 병 다 낫는다'라고 하고요. 너무 심하게 말하는 것 같지만, 그건 일종의 사기거든요. 그렇게 하면 사람들이 많이 몰려오죠. 그런데 예수 믿는 사람이 다 병 낫게 되면 천국은 언제 가나요?
교회를 자꾸 수적으로 부흥시키려고 하는 데만 집중하면, 교회는 그런 방향으로 갈 수밖에 없어요. 우리나라에 교회가 처음 들어왔을 때, 어른들의 신앙을 보면 정말 우리보다 수준이 높습니다. 그 분들은 팔자 고치려고 예수 믿지 않았어요.

제가 처음 목회를 시작한 곳이 승동교회인데, 130년이 넘은 교회예요. 거기 담임하셨던 목사님 중에 이재형 목사님이라는 분이 계세요. 그 분은 우리나라 왕손이었습니다. 왕손이었던 분이 마부에게 전도 받아서 예수를 믿게 된 거예요. 마부가 말을 끌고 함께 여행을 다니는데, 이 마부가 자꾸 "나으리, 예수 믿으시죠. 나으리, 예수 믿으시죠"라는 거예요. 마부의 무엄한 태도에 이 왕손의 기분이 안 좋아졌죠.

"야, 이놈아! 예수를 믿으면 너 같은 쌍놈이 나 같은 양반이라도 된다는 말이냐?" 이렇게 얘기하니까, 그때 이 마부의 대답이 참 감동이었어요. "나으리, 예수 믿는 도리는 그런 게 아닙니다"라고 해요. 그래서 "그럼 그게 뭐냐?"라고 물으니까 "마부 노릇을 더 잘해야 합니다"라고 했어요. 요즘 우리보다 훨씬 수준이 높죠.

김일환 정말 수준 높은 대답이네요.

김동호 그렇죠? 마부로서 더 잘하는 게 신앙이지, 팔자 고쳐서 '아, 예수 믿었더니 마부였는데 양반이 됐어'라는 건 미신이 될 수 있어요. 신앙은 그걸 목표로 하는 게 아니거든요. '극복'이라고 하는 건 마부가 양반이 되는 게 아니라고요.

김일환 그 마부의 말이 저도 너무 감동이 됩니다. '마부 일을 더 잘하는 것'이 신앙의 도리다. 참 위대한 신앙고백입니다.

그런데 요즘은 오히려 자기가 양반 되는 것에만 더 집중하고 있는 현실이죠.

제가 젊은 청년들과 대화하면서 느끼는 안타까움도 비슷한 부분인데요, 신앙 자체를 키우는 에너지, 신앙을 소중하게 여기는 마음이 부족한 것 같아요. 옛날에 웨슬리는 그리스도인들에게 '경건의 수단'을 강조했잖아요. 항상 설교와 가정예배, 개인 경건 생활을 이야기하면서 거룩한 감화를 주는 독서를 강조했거든요. 하지만 요즘 젊은 친구들을 보면 신앙 서적을 보거나 거룩한 깨달음을 주는 메시지를 듣는 데 노력을 기울이지 않는 것 같아요. 진지하게 생각하지 않는 거죠. 너무 소중한 신앙이 단순히 잘 먹고 잘 사는 데 필요한 수단처럼 전락해버린 것 같기도 해요.

신앙이 자라려면 어떻게 해야 하죠?

김일환 목사님, 그럼 자기의 수준을 뛰어넘어서 정말 하나님을 인식할 수 있을 만큼 우리 신앙이 자라려면 어떻게 해야 하나요?

김동호 아까 얘기했듯이, "예수 믿으면 부자 됩니다", "예수 믿으면 병 낫습니다"라고 많은 사람이 생각합니다. 이건 우리나라뿐만 아니라 전 세계적인 현상이고, 역사적으로도 그런 교회가 수적으로 많았어요.

그런데 제가 질문을 한번 해볼게요. "예수 믿는 도리는 그런 게 아닙니다. 마부 노릇을 더 잘해야 합니다"라고 가르치는 교회에는 교인들이 갈까요, 안 갈까요?

김일환 잘 안 가겠죠.

김동호 그게 착각이에요.

김일환 그런 교회에도 성도들이 가나요?

김동호 그렇습니다. 왜냐하면 그게 옳다는 걸 사람들이 마음 깊이 알거든요. 듣지 못해서 깨닫지 못했을 뿐이죠. 사람들은 돈에 대한 욕심이 있고 출세하려는 마음이 있으니 "예수 믿으면 부자 된다"라고 생각할 수 있어요.

그런데 그 마부의 이야기처럼 "예수 믿는 도리는 그런 게 아닙니다"라고 하면 충격을 받아요. 특히 젊은이들 같은 경우에는 '아, 내가 잘못 생각했었네' 하고 깨닫게 되죠. 그런데 그걸 잘 가르치지 않고 쉬운 쪽으로만 가니까 그렇지, 신앙의 도리와 원리를 가르치면 건강한 신앙을 키울 수 있어요. 우리 같은 목회자들이 성경을 제대로 정확히 가르쳐야 해요. 가짜 복음 말고 진짜 복음을 가르쳐야죠. 요즘 젊은이들이나 교인들의 문제가 아니라고 생각합니다. 가르치는 사람이 제대로 안 가르치니까 문제가 생기는 거죠.

김일환 그러면 신앙이 커지지 못하는 이유를 목회자의 문제로 보시는 거군요?

김동호 맞아요. 가르치는 사람이 없는데 어떻게 배워요? 가르치라고 목회자 신학 시키고 월급 주는 겁니다. 그러니 가르치는 사람 책임이죠. 잘 가르치면 잘 배우려는 사람은 언제나 있어요.

신앙의 고집을 부리고 숫자에 연연하지 않으면서 "나는 진짜 복음을 가르치겠다"라고 결단하고 승부를 거는 사람들이 있어요. 그런 교회는 절대 무너지지 않습니다.

다들 그런 사람이 없다고 생각하지만, 많아요. 단지 숨어 있을 뿐이에요. 그래서 교회가 생명을 유지하는 거죠. 그렇지 않았다면 벌써 교회는 끝났을 거예요.

우리가 다 알지는 못하지만 정직하게 복음을 가르치는 사람들이 있고, 또 그것이 옳다고 믿는 사람들의 교회 공동체가 형성되기 때문에 상수리나무가 베어지는 것 같아도 언제나 그루터기에서 새싹이 나오는 법이에요. 그걸 놓치면 절망하게 되죠.

김일환 그러면 내가 좋은 신앙을 키우고 싶다면 좋은 교회를 찾아야 한다는 거죠?

김동호 당연하죠. 공부 잘하려면 좋은 학교에 가야 하잖아요. 좋은 학교 가려고는 그렇게 애를 쓰면서 왜 좋은 교회를 찾아서 영혼이 자라야겠다는 생각은 안 할까요?

김일환 그렇다면 좋은 교회의 기준은 어떻게 보면 사람이 몰리는 교회가 아니라, 정말 좋은 복음을 가르치는 교회겠군요. 그리스도인들에게 그런 교회를 찾으려는 열심이 있어야겠어요.

김동호 맞아요. 그래서 가끔 제가 그런 얘기를 하죠. 사람들이 좋은 교회를 '가까운 교회'라고 하더라고요. 저는 그 말에 동의 안 해요. 서울대가 멀다고 안 가나요? 서울대는 멀어도 다 간다고 하는데, 교회는 왜 가까운 교회가 좋은 교회예요? 아니죠. 좋은 교회가 좋은 교회죠. 좋은 교회가 가까운 데 있으면 좋겠지만, 가깝고 먼 것은 절대로 좋은 교회의 기준이 될 수 없어요. 좋다고 생각하면 부산이라도 가야 합니다.

김일환 맞습니다. 저희 어머니도 두 시간 거리도 마다하지 않고 회사 마치고 가서 한 시간씩 기도하고 예배드리곤 하셨어요.

김동호 그렇죠. 그런 건강한 교회들이 있으면 그 안에서 건강한 신앙이 자라요. 그런데 잘못된 것만 보고 '요즘은 왜 그러냐?'라며 비관하면 신앙의 세계에 있어서 중요한 걸 놓치게 돼요.

제가 유튜브에서 본 것 같은데, 꽤 유명한 배우가 있었어요. 강원도에서 촬영할 때라고 하더라고요. 자기가 서울 사람인데 새벽기도에 꽂혀서 두 시간 거리를 오가며 새벽기도하고 촬영하는 걸 몇 달을 했대요. 너무 좋아서…. 저는 그 마음을 이해해요. 그리고 그것 때문에 거기 있는 많은 동료 배우들에게 영향을 줬대요.

김일환 선한 영향력이죠.

김동호 누군가는 '저 사람 왜 저렇게 미쳤지?' 할 거예요. 그런데 좋은 데 미친 거잖아요. 그건 매력이 있는 거예요.

마부가 양반 되려는 욕심은 있을 수 있죠. 사람인데 욕심이 있지, 왜 없겠어요. 그런데 그것과는 다른, '더 좋은 마부가 돼야 한다'라는 가치는, 양반이 되려는 것보다 한참 더 높은 가치거든요. 그걸 가르쳐주면 '아, 이게 양반 되는 것보다 더 좋은데!'라고 성도들이 생각해요. 성경에서 말하는 예수 믿는 도리가 그런 겁니다.

이런 것이 제가 말하는 영적인 시장인데, 이 영적인 시장을 키워야 합니다. 그게 바로 건강한 교회예요. 많은 사람이 그렇게 얘기하면 '사람들이 안 온다', '교회가 안 된다'라고 생각하죠. 그런데, 잘 가르치면 듣는 사람들은 항상 옵니다.

좋은 교회의 기준과 신앙의 본질에 대하여

김일환 좋은 교회를 찾을 수 있는 기준을 한두 가지 정도 말씀해주실 수 있을까요?

김동호 이건 너무 큰 주제입니다. 너무 큰 주제인데…. 다만, "예수 믿으면 부자가 된다"거나 "환경이 바뀐다"라고 얘기하는 교회는, 제가 보기에 썩 건강한 교회라고 생각되지 않습니다. 아닌 것은 아닙니다.

물론 하나님이 주시는 축복도 있죠. 그러나 우리는 더 높은 차원의 복을 얘기해야 합니다. 우리가 복을 얘기할 때, 흔히 건강하고 부자 되고 성공하고, 이런 것을 떠올리지 않습니까? 그런데 예수님이 팔복을 가르치셨을 때 그중에 그런 내용은 하나도 없었어요. 여덟 가지 복 중에 "예수 믿는 사람은 암에 안 걸리나니" 이런 것도 없고, "예수 믿으면 다 재벌이 되나니" 이런 것도 없고, "예수 믿으면 다 세상적으로 성공해서 판검사 되거나 서울대 갈지니"라는 것도 없어요. (웃음)

팔복을 생각해봅시다. 정말 기독교의 복은 생각할수록 매력이 있지 않습니까? 그것을 가르치는 교회를 찾아야 해요. 진짜 성경이 얘기하는 복이 뭔지, 잘 사는 게 뭔지, 그런 교회를 찾아야 하는데…. 그런 교회를 찾으려면 신앙에 대한 욕심을 가져야 하거든요. 부자 되는 데만 욕심 있는 사람은 그게 안 들려요. 부자 되려고 교회 다니는 사람은 그런 걸 가르치는 교회로 가야겠죠. 그러나 예수 믿고 정말 잘 살고 이 땅에서도 하나님나라를 경험하고 싶다는, 그런 건강한 욕심을 갖고 찾으면 보여요.

김일환 요즘 좋은 교회의 기준으로 소위 주차장이 좋아야 하고, 시설이 좋아야 하고, 화장실이 넓어야 한다고들 말하기도 하잖아요.

김동호 그런 분들은 절대로 좋은 교회 못 찾습니다. 편한 교회 찾겠죠. 교회 화장실이 좋으면 좋죠. 그렇지만 그게 교회 선택의 기준이 될 수는 없잖아요?

김일환 요즘 교회 건축 박람회를 보게 되면 화장실 공사에 그렇게 집중하더라고요. 저도 그걸 보고 좀 놀랐습니다.

김동호 교회가 화장실을 좋게 하는 게 나쁘지는 않아요. 그렇지만 그걸 보고 교회를 선택한다는 것과는 다른 얘기예요. 좋다 나쁘다고 할 건 없는데, 그걸 기준으로 교회를 선택하겠다고 하면 속에서 열불이 나는 거죠.
저는 예배당 없는 데서 목회하지 않았습니까? 학교를 빌려서 했는데, 그때 사람들이 "예배당 없는 교회가 어디 있어?"라고 했어요. 예배당이 있으면 좋지만, 예배당보다 급한 게 있으니까 그런 거죠. 예배당 짓는 게 무조건 잘못된 건 아니에요. 그런데 예배당 짓는다고 좋은 교회가 되는 것도 아니고, 안 짓는다고 나쁜 교회가 되는 것도 아닙니다.
많은 사람이 가난과 부에 대해서도 '가난은 나쁘다, 부는 좋다'라는 기준을 가져요. 그건 좋고 나쁨의 기준이 될 수 없어요. 돈은 돈일 뿐입니다. 있으면 좋죠. 화장실 넓으면 좋은 것처럼요. 그 정도가 건강한 거지, 그걸 가지고 교회를 선택한다면 창피한 일이에요.

김일환 네, 맞아요. 제가 생각할 때 좋은 교회의 기준 중 하나는 성도들에게 한계를 뛰어넘을 수 있는 새로운 창조를 제시할 수 있느냐인 것 같아요.

간디가 이야기한 '진리 실험' 같은 개념을 기독교가 갖고 와도 좋다고 생각합니다. '내가 믿는 걸 얼마나 실험해낼 수 있는가'라는 것이죠.

간디가 예수를 해석하는 부분이 참 재미있더라고요. 간디는 예수를 가리켜 이렇게 말합니다. "그는 실험자입니다. 그는 구약에서 배운 율법을 암기하고 암송하는 데 그치지 않고 1세기 유대 사회에서, 로마와 유대 종교 속에서 진리를 실험했어요." 이처럼 우리가 가진 진리를 실험하고 부딪치고 싸우고 또 새로운 창조를 희망하는 것, 그게 좋은 교회 같아요.

그런 점에서 저는 지금 신앙 수준이 높다고 생각하지 않습니다. 그런데 신앙 수준이 높았던 시대들이 있었잖아요. 자신의 신앙을 부끄러워하지 않고 끊임없이 도전했던 시대들이었죠. 사업이 되든, 대학 입시가 되든, 무엇이 되든 끊임없이 실험하고 부딪치고 도전하는 정신이 1980년대, 1990년대만 해도 정말 가득했었는데, 언제부턴가 그런 실험 정신이 굉장히 부족해진 것 같아요.

좋은 교회와 성령 충만

김일환 예전에 목사님이 성령은 두 가지로 받는다고 말씀하셨어요. 첫째는 기도하면 받는다. 둘째로는 성경을 읽어야 받는다고요. 그런데 그 설교 끝에 "그렇게 성령 충만함을 받아야 말씀대로 세상에 나갈 것 아니냐"라고 하셨어요.

제가 그때 큰 깨달음을 얻었는데, 우리는 성령을 받고 세상으로 나가려고 하지 않더라고요. 그런 의미에서 좋은 교회는 성령 충만함을 받고 큰 은혜를 받아 세상에 나가 실험하고 도전해보려는 교회라고 생각합니다.

김동호 성경을 보면, 성경이 성령이라고 하지 않았습니까? 성경을 읽지 않고 성령을 받기는 어렵습니다. 왜냐하면 성경이 하나님의 영으로 된 것이기 때문이에요. 하지만 거기서 성령 받는 것이 완성되는 게 아닙니다. 그건 씨앗 같은 거죠. 생명이 있는 씨앗을 심어봐야죠. 심어서 그것이 나왔을 때, 그게 '유레카' 같은 거예요. '아, 이게 맞다' 하는 거고요.

저는 농사를 지어본 적이 없어서 씨앗에 대해선 잘 몰라요. 사람들이 "이건 무씨고, 이건 배추씨입니다"라고 가르쳐주면 그런가 보다 하는 거죠. 그런데 그걸 아는 방법이 몇 가지가 있어요. 요즘은 휴대폰으로 찾아볼 수도 있고, AI에 물어볼 수도 있고, 농사짓는 사람에게 물어볼 수도 있어요.

그런데 가장 좋은 방법은 심어보는 겁니다. 심어보지 않아도 머리로 아는 건 다 알 수 있어요. 무씨는 언제 꽃이 피고 어떤 모양인지 다 설명할 수 있죠. 그런데 그렇게 배운 사람은 "무씨래요, 배추씨래요"라고밖에 말할 수 없어요. 자기는 안 해봤으니까요. 하지만 심어봐서 아는 사람은 "무씨다. 배추씨다"라고 합니다. 믿고서 심었더니 그대로 나왔기 때문이죠. 그것이 제가 생각하기에 성령을 받는 것입니다. 영적인 거예요. 배우지도 않고 배운 대로 살려고도 하지 않으면서 성령 받는다는 건 있을 수가 없어요.

김일환 그렇죠. 한 단계 더 깊은 신앙을 키우려는 사람들에게 하고 싶은 이야기는 이런 거죠. 도대체 왜 성령 충만함을 구하는 건가? 왜 신앙을 키우려는 건가? 써먹지도 않으면서….

목사님이 자주 쓰시는 표현처럼 "신앙 됐다가 뭐 하려고? 하나님 됐다가 뭐 하려고? 쓰지도 않을 거면서…"라는 말을 들려주고 싶어요.

한국교회 역사를 보면, '영성'이라고 하는 거대한 흐름을 한국교회로 가지고 온 교회가 있어요. 그런데 그걸 신자 안에서만 내면화시키고, 치유와 환상에만 성령의 역사를 가두는 거예요. 그러나 사도행전 1장과 2장을 보면 성령 충만의 목적은 개인의 신앙 체험이 아니라 그걸 전파하고 거친 땅으로 거친 현실로 나가는 거였거든요. 그 거친 현실에서 하나님이 보여주신 지점까지 자기를 한계에 이르게 하는 거죠. 그런데 요즘 교회가 거기까지 제시하지 못하는 것 같아 너무 아쉬워요.

김동호 우리 김일환 목사님이 생각할 때, 성령이 무엇입니까? 하나님이 인간을 창조하실 때 진흙에다 그분의 영을 불어넣지 않았습니까? 제가 생각하는 하나님의 영은 하나님의 스피릿(spirit), 정신, 철학, 사고방식, 삶의 스타일입니다. 거대한 관점에서 '세계관'입니다. 성령을 받은 사람은 하나님과 같은 가치관을 가지고 세상을 보는 것입니다. 하나님처럼 사는 것이고, 하나님과 같이 생각하는 것이죠.

성령을 받으면 세상 사람과 다르게 생각하게 됩니다. 세상 방식과 다른 식으로 사는 게 성령을 받은 거예요. 성령 받은 게 방언, 병 고침, 부자 됨, 이런 게 아니에요. 하나님의 영을 갖는 겁니다. 하나님과 같은 시선, 방식, 세계관을 소유하는 것입니다.

한국 기독교가 수적으로는 많이 모았어요. 하지만 그것은 오히려 기독교에 있어서 아픈 부분, 한계가 있는 부분이에요. 그걸로 사람들을 끌어모아 성공했다고 생각하지만, 하나님 앞에는 그렇게 안 보일 거예요. 한국교회는 '성령 받았다'는 것에 대한 이해를 제대로 해야 합니다.

신앙을 잃어버린 한 사람이 앞에 있다면

김일환 중요한 이야기인 것 같습니다. 이번에는 반대쪽에 있는 사람들에 대해서도 얘기해볼게요. 목사님, 신앙을 잃어버린 사람들, 교회는 다니지만 신앙을 추구하지 않거나 키우려고 하지 않는 사람들이 있죠. 그런 분들에게 어떤 지침을 주고 싶으신가요?

김동호 어떤 이유로 버렸는지 모르지만, 그 사람에게 신앙이 제일 중요한 가치가 아니기 때문에 버린 것입니다. 인간이란 존재는 자신에게 버릴 수 없는 가치라면 안 버려요. 신자로서 교회는 버릴 수 있습니다. 교회가 한두 개인가요? 좋은 교회를 찾아야 한다면 나쁜 교회는 버려야 되죠. 하지만 신앙을 어떻게 버립니까? 신앙을 버렸다는 것은 그 사람에게 신앙이 생명을 걸 만한 가치가 아니었기 때문입니다.

물론 우리에게 핑곗거리는 있어요. 교회가 실망을 많이 주고, 목회자들이나 신앙의 선배들이 잘못한 것들도 있고…. 실망할 만한 이유는 충분히 이해합니다. 하지만 실망했다고 신앙까지 버려요? 교회는 버릴 수 있습니다. 그리고 부산이든 서울이든 좋은 교회를 찾아다녀야 해요. 목마른 사슴이 시냇물을 찾듯이 갈급한 마음이 있어야 해요. 만약 신앙이 100억 정도의 가치라면 그렇게 쉽게 버리겠습니까? 100억은커녕 1억이라도 안 버릴 텐데….

김일환 100만 원도 안 버리겠죠.

김동호 돈은 한 푼이라도 안 버리는데 말이죠….

김일환 그럼 그런 사람들은 어떻게 다시 신앙을 키울 수 있을까요?

김동호 역설적이지만, 그들이 신앙을 버렸기 때문에 당하는 고통을 겪을 때, 무엇을 잃어버렸는지 깨닫고 좌절할 때 다시 얻을 수 있습니다.

김일환 확실히 좌절할 때….

김동호 그렇습니다. 신앙을 버렸더니 한계에 부딪치는 것들이 있을 거예요. 하나님은 그렇게 인도하실 거예요. 그렇게 때가 되어 다시 찾게 될 거예요. 그리고 신앙을 회복하려면 실망했던 그 교회만 가지 말고, 다른 곳에 가보세요. 그러면 그렇지 않은 교회들도 있다는 것을 보게 됩니다. 그게 신앙 회복에 도움이 될 겁니다.

김일환 너무 좋은 말씀입니다. 우리 신앙이 실험적이고 유효해야 한다고 얘기했는데, 신앙이 없는 사람들도 여기에 주목해보면 좋겠어요. 신앙이 없는 사람들에게 가장 걸림이 되는 것 중에 하나가 현실적으로 잘 안 풀린다는 게 클 것 같아요. 교회 안에는 잘 되는 사람들도 있지만, 힘들고 어려운 사람들도 꽤 있으니까요.
그런 사람들에게 목회자가 어떻게 다가가야 할지, 혹은 그들 스스로 신앙을 어떻게 회복해야 할지 이것도 중요한 주제인 것 같습니다.

김동호 제 인생에 큰 영향을 끼친 책 중에 하나가 에리히 프롬 (Erich Fromm)의 《소유냐 존재냐(To Have or To Be)》입니다. 인간은 두 유형이 있어요. 소유형 인간과 존재형 인간이에요. 대부분 우리는 소유형으로 살아갑니다.

'예수 믿으면 부자 되나? 예수 믿으면 성공하나? 예수 믿으면 건강해지나?'

이런 건 소유형 차원의 생각입니다. 그렇게 되면 좋겠지만, 안 될 수도 있잖아요. 예수는 왜 믿습니까? 예수 믿는다고 부자 되는 건 아니에요. 예수 안 믿는 사람들도 부자 많잖아요.

예수 믿는 것은 세상적으로 잘 되기 위해서가 아니라, 진짜 잘 되기 위해서입니다. 그리고 착각하기 쉬운데, 세상적으로 잘 되는 게 진짜 잘 되는 것인지도 생각해봐야 해요. 가난을 극복한다는 것이 부자가 되는 것을 의미하는 것만은 아니라는 거죠.

저는 기독교가 가난을 극복해서 부자 되게 만드는 종교가 아니라고 봅니다. 마부 노릇을 잘해야겠다는 마음으로 가는 것, 그것이 진정한 가난 극복이에요. 그 사람은 그게 행복합니다. 이 위대하고 품위 있는 가치가 세상에서 메말랐어요. 예수를 믿으면 가난해도 뛰어넘을 수 있고, 부자여도 감사할 수 있어요.

'예수를 열심히 믿었는데 왜 나는 가난하고 취직도 안 되지? 왜 저 사람은 잘 되지?'라고 실망해서 신앙을 버리는 것이 문제입니다. 예수 믿는 것이 그런 게 아니라는 걸 알아야 해요.

김일환 그러면 기독교 복음의 진수를 제대로 알려준다면 신앙
을 잃어버린 사람들도 다시 돌아올 수 있겠네요.

김동호 그것밖에 없습니다. 복음의 능력이 사람들에게 제대로
전달이 안 되고 깨우치지 못해서 그런 거죠. 예수님은 부
자 된다는 소리 안 해도 사람들이 몰려왔어요. 왜냐하면
예수님의 말씀은 사실이니까요.

시험과 상처를 어떻게 다뤄야 할까요?

김일환 이제 신앙의 또 다른 영역인데요, 사실 우리 그리스도인
들에게 좀 어려운 질문입니다. 신앙생활을 한다고 했을
때, 신앙을 키우고 신앙의 맛을 보면서 나아가지만, 그렇
다고 계속 성장하는 게 아니라 시험에 들기도 하잖아요.
어떤 조사 자료를 봤는데, 교회 안에서 가장 많이 하는
말 1위가 "나 상처받았어"라고 합니다. "사랑합니다"가
아니라요. 그리고 가장 많이 듣는 말이 "나 시험에 들었
어"라고 하더라고요. 대부분 인간관계에 관련된 문제일
텐데, 우리가 지금 신앙을 키워가는 과정에서 이런 시험

과 상처를 어떻게 다뤄야 할까요?

또 이 대담이 돈을 다루기 때문에 누군가는 상처받을 수 있고 시험이 될 수도 있단 말이에요. 신앙이라는 선상에서 시험과 상처가 있는 사람들에게 해주고 싶으신 이야기가 있을까요?

김동호 저는 암에 걸렸잖아요. 그런데 누구나 암세포는 있다고 해요. 누구나 암세포는 생기는데, 몸이 약하니까 암에 걸리는 거예요. 똑같은 암세포가 있는데도 안 걸리는 사람이 있어요. 코로나가 심했었잖아요. 다행히 저는 한 번도 안 걸렸습니다.

김일환 코로나에 안 걸리셨어요? 너무 신기하네요.

김동호 집에서 애들은 다 걸렸는데 아내하고 저는 한 번도 안 걸렸어요. 자랑할 건 아니지만요.

그런데 이와 마찬가지로 상처도 똑같은 상황에서 받는 사람이 있고 안 받는 사람이 있는 거예요. 시험도 마찬가지고요. 시험과 상처는 다 있어요. 환경은 똑같은데 상처받는 사람은 상처받고 안 받는 사람은 안 받는 거예요. 상처가 없는 게 아니라 자기가 받지 않는 거예요.

조금 다른 얘기인데, 제가 아이들 키우면서 아내에게 어느 날 그런 얘기를 했어요. "애들이 내 속을 썩인 적이 없었어."

아들만 셋인데, 그 애들을 기르면서 애들이 저를 힘들게 한 적이 없었어요. 그랬더니 아내가 뭐라고 했는지 아세요? "애들이 속을 안 썩였나, 당신이 안 썩은 거지."

그러고 생각해보니까 정말 그렇더라고요. 제가 속을 안 썩은 거였더라고요. 왜 속을 안 썩었는지 아세요? 그건 애들은 당연히 그러면서 크는 거라고 생각했기 때문이에요. 우리 애들도 거짓말하고, 담배 피우는 아이도 있었고, 술 마시는 아이도 있었지만, 그게 뭐 상처가 돼요? 애들이 그러면서 크는 거죠. 그것 때문에 펄펄 뛰면 상처가 되는 거고요. 그저 "담배 끊어라"라고만 했어요. 왜 끊어야 하냐고 물으면 "건강에 나쁘니까"라고 간단하게 말했어요. 건강에 나쁘다는 것을 알면서도 아버지가 가만히 있을 수는 없으니 그 정도만 말한 거예요.

그렇게 생각해보면 상처나 시험이라는 것도 유난히 상처를 많이 받는 사람이 약한 거예요. 자기가 단단하면 "아, 사람이 그럴 수도 있지" 하고 넘어갑니다.

제가 자주 말하는 것이 하나 있어요. 환경을 탓하지 말라는 거예요. 환경을 바꾸려는 것이 신앙이고 삶인데, 환경을 바꾸려면 자기를 먼저 바꿔야 해요. 신앙은 자기를 바꿔서 똑같은 처지인데도 상처를 안 받는 거예요.

똑같은 세상인데, 내가 강하니까 괜찮은 거지, 약하면 모든 관계에서 다 걸려요. 그래서 상처받고 시험받는 사람은 항상 뭔가 탓할 것이 있어요. 상처를 준 사람이 있으니까 상처받았겠죠. 그렇지 않습니까?

그런데 그것을 풀려고 하지 말고, 상처를 주는 어떤 사람이 와도 넘어갈 수 있는 담대함, 너그러움, 여유가 필요해요. 피부를 생각해보세요. 건성 피부는 조금만 건드려도 자극이 생기니까 로션을 발라야 하지 않습니까? 똑같은 일인데도 내가 메마르면 상처가 안 낫는 거예요.

김일환 목사님은 신앙이 영적인 '자기 관리'라고 생각하시는군요.

김동호 그렇습니다. 사람이 사는 데 환경도 있고 사람과의 관계도 있어요. 사람과의 관계는 언제나 상처가 있고 시험이 있는 거예요. 당연한 겁니다. 그런데 그것을 이기려면 하나님과의 관계 속에서 내가 강해져야 해요. 그래야 그것을 이겨낼 수 있어요.

다른 이야기인데, 제가 삼십 대 초반에 집회하러 가는 길

에 차 사고로 죽을 뻔했었어요. 차가 다리 위 빙판에서
미끄러져서 떨어질 뻔했어요. 떨어지면 죽는 상황이었고,
십중팔구는 죽었을 사고였는데, 다치지도 않았어요. 그
런 사고가 있었던 후 숙소에 돌아와서 '오늘 내가 죽을
뻔했다. 만약 내가 죽었더라면' 하고 생각하니 걸리는 게
있었어요.

'어머니는 어떻게 살까, 아내는 어떻게 살까, 애들 셋이
아직 어린데 아비 없이 어떻게 살까….'

그때 하나님이 저에게 재미있는 말씀을 하셨어요.

'내가 죽어야 문제지, 네가 죽는 게 뭐가 문제냐?'

맞더라고요.

'네가 죽으면 네 어머니 힘들겠지만 나를 믿기 때문에 이
겨내고 잘 살 수 있어. 남편 없는 여자들은 다 못 사나?
네 아내가 나를 믿으니까 괜찮아.'

그게 굉장히 중요한 거예요. 아들이 없어도 하나님 때문
에 살 수 있는 사람은, 아들이 있어도 좋고 없어도 괜찮
아요. 제가 외동아들이어서 어머니가 저에게 집착이 강해
서 좀 힘들었어요. 그래서 어느 날 제가 어머니에게 "어머
니, 이제 혼자 사세요"라고 말씀드렸어요. 그러자 어머니
는 아들이 집에서 나가라 한다고 난리가 났었어요.

그러나 제 말은 그게 아니라 하나님을 믿는 믿음으로 홀

로 살 수 있어야 한다는 거였어요. 당연히 어머니는 저와 함께 살 수도 있고요, 제가 없어서 못 산다면 혼자서도 사실 수 있어야 한다는 의미였어요. 그래서 하나님이 하나님의 사람들을 광야로 내보내신 거예요. 광야에는 아무것도 없지 않습니까? 하나님밖에 없어요.

하나님 한 분 때문에 살 수 있는 사람은 다른 것이 있으면 좋고 없어도 괜찮은 거예요. 신앙은 하나님 때문에 사는 것 아닙니까? 세상이 힘들면 '좀 힘들구나', 가난하면 '가난하구나' 하면서, 비천한 데도 처할 줄 알고, 힘든 상황에도 처할 줄 알고, 부유한 데도 처할 줄 아는 능력이 그런 데서 생기는 거예요.

그것이 "내게 능력 주시는 자 안에서 내가 모든 것을 할 수 있느니라"(빌 4:13)라는 거예요. 그렇기에 '상처받았다', '시험 들었다'라고 하는 말은 생각해보면 미안하지만 나약해졌기 때문이에요.

김일환 그러면 중요한 말인데, 상처와 시험을 당할 때, 결국은 사람이나 환경 탓이 아니라 스스로에 대한 문제라는 건가요?

김동호 그렇죠. 환경은 원래 그런 것이라고 생각해야 해요. 사람 사는 세상이 천당도 아닌데, 하나님나라나 가면 모르겠지만, 이 세상은 그런 것이라고 각오해야 해요.

김일환 어떻게 보면 가난이라는 것도 환경이고 조건이고 시험이고 상처인데, 그것도 내가 어떻게 다루느냐에 따라서, 또 내가 가진 신앙을 어떻게 사용하느냐에 따라서 새롭게 되는 거잖아요.

김동호 맞죠. 제가 처음부터 가난의 극복은 부자 되는 게 아니라고 말씀드렸어요. 가난을 극복한다고 하면 어떻게 해야 할까요? 물론 저축도 하고 투자도 해서 부자 되는 것이 나쁜 건 아니에요. 그것도 필요해요.

그런데 그렇게 해서 극복되는 것보다, 정말 중요한 것은 가난해도 잘 살고 부유해도 잘 사는 거예요. 그게 진정한 극복이에요. 돈이 많아야만 잘 사는 사람은, 그 가난을 극복하는 동안 가난한 상태에서 얼마나 불행할까요? 저는 굉장히 가난했었어요. 그런데 제일 감사한 것은 불행의 기억이 없다는 거예요. 가난해서 수학여행도 못 갔어요. 그건 상처가 될 수 있죠. 반에서 저만 못 갔거든요. 그때를 생각하면 좀 섭섭하고 그랬지만, 교회 생활이 너무 행복했기 때문에 가난했는데도 행복했어요. 그러니까 가난이 싫지만 무섭지는 않은 거예요. 그렇다고 가난을 훌륭하다고 생각하지는 않습니다.

그래서 청빈(淸貧)이라고 할 때 너무 말을 흐리지 말라고 생각해요. 청빈은 있을 수 있어요. 그런데 가난 자체가 '청'(淸)은 아니에요. 우리는 쉽게 가난을 '청'으로 여겨요. 이건 마치 이솝 우화에 나오는 것처럼 여우가 포도를 따 먹으려고 했는데 못 따먹으니까 "저 포도는 시다"라고 말하는 것과 같아요. 사람들은 이 여우 같은 심리가 있어요. 그래서 청빈을 얘기하고 자기 가난을 합리화하고 부는 무조건 탁한 것으로 치부하는데, 그렇지 않아요. 가난이 좋을 게 뭐가 있겠어요?

그러나 하나님 안에서는 가난해도 근사할 수 있어요. 가난을 합리화 하는 게 아니라, 가난해도 근사한 법을 배워야 해요.

김일환 이게 우리 크리스천들이 배워야 할 중요한 주제 같습니다. 오늘 목사님과 나누게 될 대담의 가장 중요한 주제이기도 하고요.

그럼 목사님, 죄송하지만 지금 암에 걸리셨고 건강상으로 굉장히 취약하고 힘들지만, 그런데도 목사님은 행복하고 즐거우신가요?

김동호 행복한 정도가 아니에요. 지금이 제 인생의 전성기 같습니다.

제가 처음부터 가난의 극복은
부자 되는 게 아니라고 말씀드렸어요.
가난을 극복한다고 하면
어떻게 해야 할까요?
정말 중요한 것은
가난해도 잘 살고
부유해도 잘 사는 거예요.
그게 진정한 극복이에요.

신앙은 인간을 더 나은 사람으로 만들 수 있을까요?

김일환 신앙을 더 키우고 싶은 사람들, 신앙이 삶과 더 접목되길 원하는 사람들에게 혹시 해주고 싶은 말씀이 있으신가요?

김동호 신앙을 키우고 싶어 하는 것 자체가 좋은 것입니다. 어떻게 하면 키울 수 있을까 했을 때, 신앙의 맛을 알게 되면 자연스럽게 키우게 돼요.

"구주 예수 의지함이 심히 기쁜 일일세, 영생 허락받았으니 의심 아주 없도다"라는 찬양이 있잖아요. 이어지는 가사가 "예수 예수 믿는 것은 받은 증거 많도다"예요. 이것은 실험하고 실천해서 증거가 생긴 거예요. 그다음 "예수 예수 귀한 예수 믿음 더욱 주소서"라고 하는 것은 믿음의 맛을 알기 때문에 믿음에 대한 욕심이 더 생기는 겁니다. 다른 것 말고 "믿음을 더 주세요"라고 갈구하게 돼요.

아까 이야기한 것처럼 신앙은 성경을 보고 깨닫고 그다음에 실천했을 때 성령이 완전히 임하게 되는 거예요. 그것이 성령을 체험하는 겁니다. "믿음은 바라는 것들의 실상이요 보이지 않는 것들의 증거"(히 11:1)예요. 이해는 안 가고 보이지는 않지만 믿고 행동해 보았더니 열매가 맺

혔어요. 얼마나 기쁘고 재미있겠어요? 그러니까 예수 믿고 사는 게 재미있어지는 거예요. 그런데 대개는 공부만 하고 생각만 하고 열매를 맺지 못하니까 맛을 모르게 됩니다.

김일환 그래서 조금 더 주저하게 되고 불신하게 되는군요.

김동호 그 맛을 알게 되면 자연스럽게 빠져들게 돼요. 저는 운동하는 것을 좋아했는데, 요즘은 골프를 치고 있어요. 이제 십여 년 정도 됐는데 당뇨 핑계로 운동하고 있어요. 옛날에 탁구를 할 때도 침대에 누워만 있어도 눈앞에서 탁구공이 왔다 갔다 하는 것 같았어요. 그것이 재미있었어요.

또, 스케이트를 배웠을 때는 스케이트를 사다 걸어 놓고 자기 전에도 몇 번씩 쳐다보곤 했어요. 아침인지 밤중인지 모를 정도로 빠져들었죠. 골프도 마찬가지입니다. 아직도 골프 치러 가기 전날은 잠을 설쳐요. 행복해서 그런 거예요. 그런데 예수 믿는 게 골프만도 못한 경우가 많아요. 예수님에게 빠져들지 못하죠. 예수님 생각도 안 하고요.

아까 어떤 연예인이 예배가 너무 좋아서 두 시간 운전해서 예배드리고 또 촬영하러 갔다고 했는데, 그렇게 되면 신앙이 자라는 겁니다. 그런데 그 맛을 모르니까 억지로 하려고 하고 책임감으로 하려고 하니 어려워요.

김일환 결국 신앙의 맛을 깊게 알아야 하는 거군요. 그것은 원점으로 돌아가서 체험해봐야 하고 실천해봐야 하는 것이고요.

김동호 그렇습니다. "무씨래요. 배추씨래요"라고 알기만 해서는 안 돼요. 직접 따서 먹어봐야 해요.

자녀 신앙교육에서 가장 중요하게 여기시는 것은 뭔가요?

김일환 목사님의 설교를 들어보면 자녀들과 가족에 대한 사랑이 엄청나고, 또 그것이 항상 예화가 되더라고요. 자녀들과의 관계를 빼놓을 수 없는데, 목사님께서 신앙교육에 있어서 자녀들에게 정말 철칙으로 주시는 어떤 가르침이 있으신가요? 그런 게 있다면 소개해주실 수 있을까요?

김동호 저는 아이들을 특별히 가르치지 않았어요.
그저 그렇게 살았을 뿐이에요. 가르친다고 아이들이 말을 듣나요? 가르치는 사람이 그렇게 살지도 않으면서 어떻게 가르쳐요? 아이들이 아버지가 사는 신앙을 보고 그 맛을 알게 되면 열심히 하게 돼요. 가르침도 마찬가지예요. 자기 아버지가 근사해 보여야 배우게 되거든요.

김일환 그렇죠, 정말 멋진 말씀이에요.

김동호 본이 되어야 합니다. 제게는 아버지가 근사했어요. 아버지는 신앙적으로가 아니라 인간적으로 삶에서 근사했어요. 학교 수위였고 가난했지만 사람 자체가 멋있었고 그래서 그것이 제게 교훈이 되었습니다.
아버지는 초등학교 4학년 중퇴하셨지만, 아버지에게서 배운 것이 많아요. 아버지가 특별히 가르친 적은 없어도 제가 스스로 배운 거죠. 목회도 마찬가지예요. 아무리 설교해도 그것이 교인들에게 잘 전달되려면 제가 맛있게, 멋있게 살아야 합니다.

김일환 본을 보이지 않으면 어떻게 따라오게 하겠어요. 정말 멋지십니다. 목사님, 목회 전성기에는 가장 바쁘시고 힘들고 거의 집에도 못 들어가실 때도 많으셨을 텐데요.

김동호 그러니까 자녀 교육을 어떻게 해요? 아이들 얼굴 볼 시간도 없었는데요.

김일환 제가 그 얘기를 하고 싶었던 겁니다. 그런데도 목회자가 삶으로 보여주는 모습은 충분히 교육적 가치가 된다는 것을요.

김동호 교육은 무언가를 담는 겁니다. 그것이 자연스럽게 배워지는 거고요.

암과 죽음, 인생의 의미에 대하여

김일환 이 이야기도 한번 여쭤봅니다. 죽음은 삶을 전제로 한다고 말씀하셨는데요.

김동호 그렇죠. 죽음은 언젠가 올 것인데 밤낮 죽을 생각하면 뭐 하겠습니까? 잘 죽을 생각을 해야죠. 요즘에는 웰다잉(Well-dying)이라는 말을 쓰잖아요. 죽음은 정해진 거예요. 좀 빠르든지 늦든지. 근데 제게는 좀 빨리 왔습니다. 암이라는 것이 그런 거니까요.

시간이 짧아졌다고 생각하면 다른 사람의 시간보다 더 귀한 시간이 된 거예요. 앞으로 10년 더 살 사람, 50년 더 살 사람, 이 둘 중 같은 5년을 산다면 제 삶이 더 귀한 거죠. 시간적으로요. 그러니까 낭비할 시간이 없는 겁니다. 어떻게 하면 남은 이 시간을 근사하게 사용해서 5년을 50년처럼 살까, 그렇게 고민하는 거예요.

김일환 그래서 암 투병 중이신 지금이 전성기라고 생각하시는 건가요?

김동호 맞아요. 그리고 저는 암이 은사라고 생각합니다. 암 때문에 생각지 못했던 삶을 살게 되었잖아요. 날기새도 하고 에스겔선교회도 하고요. 시간을 아끼려고 하는 겁니다.

김일환 목사님은 환자처럼 사는 것이 아니라, 병을 이겨내시는 모습을 보여주시는 것 같습니다.

김동호 그럼요. 죽을 때 죽더라도 왜 죽음에 사로잡혀 괴로워하겠어요? 그렇게 생각해요.
저는 항암치료가 아주 힘들었습니다. 항암치료가 보통 힘든 것이 아니거든요. 의사 선생님이 환자 중 치료가 힘들기로 제가 5등 안에 든다고 했을 정도로, 힘들게 항암치료를 했어요. 항암치료 중에 졸도하고, 먹지 못하고, 걷지도 못했어요. 먹지를 못하니까 걸을 수도 없었죠.

김일환 목사님, 정말 그렇게 힘드셨어요?

김동호 네, 그랬어요. 네 번 정도 항암치료를 했는데, 몇 달 동안 3주 간격으로 항암 주사를 맞았습니다. 그럼 두 주간을 꼬박 못 먹었어요. 아무것도 못 먹었어요. 자꾸 토하느라 물 마시는 것도 힘들어서 체중이 쭉쭉 빠졌죠.

그런데 신기한 게 보름이 지나면 먹기 시작해요. 다음 주사 맞을 때까지 일주일을 먹어요. 그러면 그때 바짝 먹고 힘을 차려서 다음 주사 맞으러 가는 거거든요.

그래서 먹는 게 얼마나 중요한지 깨달았어요. 먹으면 걸을 수 있어요. 제가 골프를 좋아한다고 하지 않았습니까? 그렇게 걷게 되면 골프채를 들고 골프장에 갔어요. 앞으로 골프를 칠 기회가 몇 번 남지 않았으니까 한 홀만 치고 오더라도 가자는 마음으로 갔어요. 근데 즐거우니까 18홀을 다 쳤습니다. 항암치료 네 번 할 때, 네 번 모두 골프장에 갔어요.

김일환 엄청난 삶의 에너지네요.

김동호 그러니까 싸워서 이겨야지, 끌려다니고 싶지는 않은 거예요. 암에 걸리면 끌려다니게 되거든요. 우울해지고 불안해지고 두려워지고. 그러면 그냥 다 망가져버리고 힘도 없어진다고요. 밥을 먹어서 힘이 생겼으니까 걷는 김에 나가는 겁니다. 걷다가 골프도 치면서 말이죠. (웃음)

김일환 정말 너무 멋진 이야기입니다. 《이어령의 마지막 수업》이라고, 죽음에 관한 이어령 선생님과의 대담이 담긴 책이 나왔어요. 책 서두에서 죽음이라는 것을 어떻게 생각하냐고 묻자 이어령 선생님은 '팔씨름이라고 생각한다'고 하셨습니다. 살고 싶어 하는 팔씨름과 나를 죽이려고 하는 팔씨름이라고요.
자기는 인문학자다 보니 기쁘게 살아가야 한다는 것을 알지만 웃을 일이 없다고 합니다. 무엇을 해도요. 그러면서 이어령 선생님은 '생각만 더 깊어지고 웃을 일이라는 게 도저히 생기지 않는 것이 죽음인 것 같다'고 하시더라고요.

김동호 항암치료를 하면 시간이 그렇게 힘들어요. 24시간이 그렇게 길 수가 없어요. 잠도 못 자고요. 그게 제일 힘들거든요. 그래서 골프장에 갔던 거였고, 그다음에 고스톱을 배우려고 했습니다. 저는 고스톱을 어떻게 하는지도 몰라요. 그런데 사람들이 재미있어하더라고요. 그래서 아내하고 고스톱을 치며 시간을 보내야겠다고 생각했어요.

'날기새'를 시작한 것도, 온종일 암을 묵상하고 있는 것보다 나을 것 같아서였습니다. 유튜브에서 암에 관한 것만 찾아보다가 '왜 이러고 있나?'라는 생각이 들었어요. 그래서 아침에 일어나면 유튜브를 켜지 말고, 성경책을 펴자고 마음먹었어요. 거기서 은혜를 자꾸 받고자 했어요. 은혜를 채우면 나중에 오는 잘못된 정보나 우울한 생각들, 웃을 일이 없는 상태가 되는 것을 막을 수 있어요. 암 환자는 웃기가 어려워요. 걱정과 근심, 불안이 있으니까요.

그런데 성경 속에는 은혜가 있잖아요. 그걸 찾는 거예요. 찬송을 부르고 기도하고 녹화도 하면 시간이 꽉 차게 됩니다. 그렇게 하면 나중에 오는 불안과 고난, 웃을 수 없는 것들이 들어갈 자리가 없는 거예요. 웃을 수 없는 일이 있으니 웃을 수 있는 일을 만들면 되죠. 그게 안 되면 골프장이라도 가고 고스톱이라도 치고 그러는 겁니다.

목사답게 시작한 게 '날기새'예요. 처음에는 혼자 하려고 했는데, 아들이 "아버지, 목사시니까 혼자 하지 마시고 유튜브에 올려보세요"라고 해서 유튜브를 시작했습니다. 제가 유튜브에 대해서 뭘 알겠어요?

김일환 그래서 지금 둘째 아드님이 도와주시는 거군요.

네, 둘째가 영화를 했으니까요. 그게 2019년 6월 17일 이었어요. 그때가 첫 방송이었어요. 지금도 찾아보면 그 영상이 나오는데, 그날은 앉아 있을 수 없을 정도로 아팠던 날이었습니다. 제 암 투병 생활 중에서도 가장 힘들었던 날이었어요. 절뚝거리고 그랬죠.

근데 하겠다고 마음먹었잖아요. 항암 끝나고 해도 되는데, 몇 달만 기다려도 됐을 텐데 급해서 그걸 못 참았습니다. 그날 바로 시작했어요. 그날 18분도 앉아 있을 수 없는 상태였는데, 녹화하는 데 18시간이 걸렸어요. 영상을 촬영하다가 이유 없이 끊어지고, 보내려고 하면 또 안 보내졌습니다. 평소에는 그런 소리를 잘 안 하는데 마귀가 방해했다고밖에 생각이 안 들었습니다.

그러면 보통은 포기하게 되죠. 하지만 '이것을 하다 죽자, 오늘이 죽는 날이다' 하고 시작한 거예요.

분명 혼자 있었으면 여기까지 못 왔을 겁니다. 그런데 날기새 식구들이 생겼잖아요. 그러면 의무감이 생겨요. 내가 먹기 위해선 밥을 안 해도 자식을 먹이려면 해야 하거든요. 그리고 또 보람도 있으니까 여기까지 왔습니다. 암에 안 걸렸으면 날기새는 없었을 거니까, 암이 은사인 거예요.

김일환 신앙이 있다는 것은 항상 삶의 의미들을 발견해내는 어떤 에너지인 것 같습니다. 이제 가난이라는 부분도 이야기하겠지만, 신앙이 있으면 다시 살아날 수 있고 살아갈 수 있는 지표를 주시는 거죠. 이런 신앙의 끈기와 담대함, 그리고 도전과 대결을 요즘 많이 잃어버린 것 같습니다. 요즘에는 결과론적으로 신앙을 정리하는 부분이 많이 있는 것 같아요.

제가 알기로 목사님이 제일 싫어하는 말이라고 하셨는데, "모로 가도 서울만 가면 된다"고 하잖아요. 그런데 요즘엔 모로 가도 서울로 간 사람을 신앙적으로도 포장해주는 일들이 많은 것 같아요. SNS가 발달해서 더 그런 것 같은데요.

김동호 근데 그 사람들이 갔다는 서울은 서울이 아니에요. 세상 사람들이 얘기하는 서울을 간 거죠. 그렇잖아요. 그런 간증이 대개는 세상적인 서울을 말하는 거거든요.

받은 복이 많은 것도 사실이지만, 더 큰 복은 무화과나무에 열매가 없는데도 기뻐할 수 있는 거잖아요. 높은 산, 거친 들, 초막에서도 내 주만 모시면 그게 궁궐이고 천국이 된다는 것이 신앙인데, 결국 똑같은 거예요.

그런 힘이 어디서 오는가를 알게 되면, 세상은 바뀔 수 있습니다. 가난할 수도 있고 암에 걸릴 수도 있고 성공할 수도 있고 실패할 수도 있고 좋은 때도 있고 슬플 때도 있고 다 그렇습니다. 그런데 변치 않는 게 있어요. 처음에 신앙을 말할 때 얘기한, '하나님이 계신다, 하나님이 전능하시다, 하나님이 나를 사랑하신다' 이 세 가지로 다 풀리는 거예요.

김일환 그것이 모든 고난의 문제를 푸는 열쇠로군요.

김동호 그렇죠. 그런데 '하나님이 계시고, 전능하시고, 나를 사랑하신다면, 나는 왜 암에 걸렸을까?' 이게 안 풀리잖아요.

하나님이 안 계셔서 그런 것도 아니고, 무능하셔서 그런 것도 아니고, 나를 사랑하지 않으셔서도 아니라면, 암에 걸렸다고 해서, 쉽게 말하면 죽을 수는 있지만 그것이 죽음은 아니구나 하는 생각이 들었습니다. 이렇게 죽음에 다른 의미가 있더라고요. 그렇게 되면 여유가 생기거든요.

그다음엔 죽는 게 더 이상 두렵지 않게 되고, 의미를 찾게 됩니다. '여기에도 뭔가 쓸 만한 게 있겠구나, 하나님이 내버려 두시지 않고 뭔가 뜻이 있으셔서 이렇게 하셨겠지…'라고요. 그렇게 날기새를 찾았잖아요. 이게 이렇게 큰일이 될 줄 몰랐지만요.

김일환 목사님도 이 정도 영향력이 있을 줄 모르셨어요?

김동호 어느 정도 영향력은 있겠다고 생각했지만, 지금 날기새는 그 선을 넘었어요. 제 생각으로는 말도 안 되는 은혜예요.

김일환 목사님이 걸리신 게 무슨 암, 무슨 암, 무슨 암이었죠?

김동호 폐암, 전립선암, 갑상샘암…. 해마다 걸렸어요. 연차적으로 말이죠. 암에 걸린 것뿐만 아니라 그 치료 과정이 만만치 않았다는 말이에요. 치료는 잘 됐지만, 과정은 힘들었거든요. 아주 힘들었습니다.
그러니까 다 알기 때문에 똑같은 암 환자를 봐도 이 전과는 감정이 달라요. 예전에는 "집사님, 얼마나 힘드십니까?"라고 하면 끝이었어요. 그런데 이제는 같은 말을 해도 예전에 위로했던 것의 열 배를 위로하게 되는 거예요. 그러니까 암이 은사인 거죠. 암에 안 걸렸으면 그 힘은 안 생겼을 테니까요.

상처받으면 위로할 수 있게 되는 겁니다. 그러니까 상처가 위로의 능력을 갖추게 해주는 거죠. 버릴 게 하나도 없어요. 가난해도 버릴 것이 없고, 부유한 것, 돈 많은 것, 다 좋다고 생각해요. 잘 쓰면 되죠. 잘 쓸 데가 얼마나 많아요? 그래서 《깨끗한 부자》라는 책을 쓴 겁니다. 부자를 무조건 나쁜 사람으로만 보는 그 시각은 신앙이 아니거든요.

교인 중에도 부자 될 수 있는 사람들이 있는데, 부자는 어떻게 예수를 믿고 어떻게 살아야 하는가를 가르쳐줘야죠. 사실, 예수님의 뜻대로 살다 보면 부자가 될 확률이 높아요. 그건 하나님이 주신 자연법칙이에요. 그렇다고 해서 예수 잘 믿는다고 다 부자가 되는 건 아니니, 가난할 때는 어떻게 살아야 하는지, 부유할 때는 어떻게 살아야 하는지 둘 다 가르쳐줘야 합니다.

상처받으면
위로할 수 있게 되는 겁니다.
그러니까 상처가 위로의 능력을
갖추게 해주는 거죠.
버릴 게 하나도 없어요.
가난해도 버릴 것이 없고,
부유한 것, 돈 많은 것,
다 좋다고 생각해요.
잘 쓰면 되죠.
잘 쓸 데가 얼마나 많아요?

Poverty

"

PART

03 —— 가난을

"

━━━━━━━━ 그러면 암에 걸려야만 잘 사나요? 아니요. 암에 안 걸리면 암에 안 걸린 대로 잘 살면 되죠. 그러니까 예수 믿는 신앙을 가지면 이 세상 환경에 그렇게 지배를 안 당합니다. 어떤 형편과 처지에서도 살 수 있는 거죠. 그게 믿음의 능력이에요. 예수는 그러려고 믿는 거잖아요. 믿음으로 근사하게 가난해지고, 가난해져도 근사하게 살 수 있다는 말씀이시죠? 맞아요. 가난해지려고 할 필요는 없어요. 그리고 가난이 훌륭하다고 할 필요도 없어요. 하지만 결국 가난할 수밖에 없다면, 그 가난을 신앙으로 잘 코디하자는 거예요.

두 사람은 '가난'을 돌려 말하지 않고 정면으로 다룬다. 김동
호 목사는 가난을 '그저 돈이 없는 것'이라고 단순화하지만,
그 속뜻은 훨씬 깊다. 그는 가난을 두려움이나 수치가 아니
라, 삶의 태도가 드러나는 자리로 이해한다. 수학여행을 못
갈 정도로 궁핍했지만 불행이라 말하지 않고, 지금의 안정 속
에서도 "필요하면 내일부터 택배를 하면 된다"고 얘기할 수 있
는 담대함은 신앙이 주는 해방감이라고 말한다. 가난을 결핍
이 아니라 '근사하게 살아낼 수 있는 하나의 스타일'로 받아
들이는 그의 태도에는 오랜 신앙의 체험이 배어 있다.

여기서 김일환 목사는 가난을 지나치게 미화하거나, 반대
로 부를 도덕적 열등으로 취급해 온 한국교회의 낡은 언어를
말한다. 그는 가난을 '신앙이 오랫동안 회피하거나 단편화해
온 현실의 이름'으로 보며, 가난과 노동, 소비, 절제, 저축의
문제를 다시 신앙의 자리로 데려와야 한다고 말한다. 이는 단
지 경제적 논의가 아니라, 신앙이 어떻게 구체적 삶을 설명할
수 있는지에 대한 그의 오랜 고민이 배어 있는 지점이다.

결국 이 장에서 두 사람은 서로 다른 지점에서 출발했지만

같은 결론으로 모인다. '가난의 극복'이란 돈이 많아지는 것이 아니라, 어떤 형편에서도 비굴하거나 자기 연민으로 무너지지 않고, 신앙 안에서 품위 있는 선택을 해내는 능력이라는 것. 그리고 가난을 부정하거나 포장하는 대신, 그 안에서 어떤 사람으로 살아남을 것인가를 묻는 것이야말로 신앙이 현실과 마주하는 가장 단단한 방식이라는 데 두 목사는 고요한 합의를 이룬다.

"

가난이란?

김일환 이제 본격적으로 가난에 대해 얘기해보면 좋을 것 같아요. 당돌한 질문 하나 할게요. 목사님은 가난한 적이 있었나요?

김동호 허허. 재미있는 질문이에요. 제 세대처럼 '가난과 부'의 과정을 동시에 경험한 세대는 없죠. 저는 전쟁 중에 태어난 사람이거든요. 그리고 상고 출신이고 대학에 실패해 재수 안 하고 취직했습니다. 또 숫자에 굉장히 민감해서, 모든 기억은 숫자로 하는 면이 있어요. 그때 세운상가에 취직했는데, 69년도 제 첫 월급이 7천 원이었습니다.

이제 보세요. 첫 월급이 7천 원⋯. 그다음에 교육전도사를 72년 정도에 시작했던 것 같은데, 그때 교육전도사 월급이 1만 원이었어요. 그리고 제가 77년도에 결혼했고, 78년도에 신대원 졸업하고 전임 전도사가 되었는데, 그때 우리나라 경제가 많이 발전했어요. 전임 전도사 월급이 7만 원, 교사였던 아내가 한 15만 원 정도 벌었을 거예요. 그러니까 진짜 가난했었잖아요.

요즘 캄보디아 당카오(Dangkao) 쓰레기 마을을 돕고 있는데, 여기는 대규모 쓰레기 매립장과 그 주변에 형성된 정착촌이에요. 수백 명의 사람이 매립지에서 나오는 쓰레기를 수거하며 비좁고 위생이 열악한 움막에서 살아요. 어린이들도 가족을 돕기 위해 학교를 그만두기도 해요. 근데 거기 사람들이 하루에 5불 정도 번다고 하니까, 한국 돈으로는 약 7천 원이에요. 가족이 7천 원씩 벌면 한 달에 20만 원을 번다는 거예요. 그런데 저는 1만 원에서 시작했으니 그보다 훨씬 더 가난한 삶을 산거죠.
그러니까 고등학생 때 수학여행을 못 갔어요. 당시 저에게는 '밥'이라는 개념만 있었어요. 왜냐면 돈이라는 게 없었고, 용돈이라는 개념이 없었어요. 제가 학창 시절에 아버지 월급이 쌀 한 가마 반이었어요. 저는 밤낮 아버지 월급을 보면서 한 달에 쌀 몇 가마니를 사나 그거 계산했는데, 쌀 한 가마 반이더라고요. 그때 선생님 월급으로는 쌀 세 가마를 살 수 있었어요.

쌀 한 가마가 80킬로그램이잖아요. 한 가마 반이면 120킬로그램이란 말이에요.

오늘 녹화하려고 찾아봤는데 요즘 쌀이 20킬로그램으로 포장되어 나오잖아요? 얼마인지 아세요?

김일환 5~6만 원 정도인 것 같아요.

김동호 목사님, 잘 아시네요. 쌀 20킬로그램짜리가 한 5만 원 한다고 치면, 120킬로그램은 30만 원 정도 되는 금액이에요. 즉, 당시 아버지 월급이 한 달에 30만 원이었던 셈이에요. 목사님께 물어볼게요. 그 돈 갖고 살 수 있어요, 없어요?

김일환 없죠.

김동호 왜 없어요? 살았으니까 제가 여기 있는 거잖아요. 단지 저는 그만큼 가난했다고요. 그러니까 돈이 없었어요.

김일환 그런데 대부분의 사람들은 목사님이 가난한 삶을 살았다고 생각하지 않을 것 같아요.

김동호 그렇죠. 그렇지만 거기서 시작했어요. 요즘 제가 좋은 차 타고 다니는 거 아시죠? 아들이 외제차를 사줘서 타고 다녀요.

김일환 네, 알고 있죠.

김동호 저는 상상도 할 수 없는 삶을 사는 거예요. 끝에서 끝을 경험했다고요. 그런데 그때도 가난했지만 제 마음은 가난하게 안 살았죠. 그게 가난의 핵심이에요.

김일환 지금은 은퇴를 하셨는데, 경제적인 어려움은 없으세요? 원로 목사는 왜 안 하셨어요? 원로를 하면, 경제적으로 자유로웠을 텐데요.

김동호 좋은 질문이에요. 우리 교회는 원로 제도가 없어요. 정관에 그렇게 만들어서 원로 하지 말자고 했습니다.

김일환 지금도 유효한가요? 높은뜻 모든 교회가요?

김동호 그렇죠. 미안하죠. 제가 물귀신이 돼서 후배들 다 못하게 하니까요.

김일환 그렇지만 개혁하려고 하신 거잖아요.

김동호 맞아요. 무노동 무임금이잖아요. 그리고 그것뿐만 아니라 은퇴한 사람이 뒷사람 목회하는 데 걸림이 될 수 있다고 생각했습니다. 왜냐하면 "내 라인을 따르라"라는 말이 될 수도 있으니까요.

은퇴를 앞두고 아내에게 "이제 교회에서 월급 안 주니까 당신은 한 달에 얼마면 살겠어?"라고 물었어요. 그랬더니 아내가, 그때가 벌써 한 8~9년 전이죠, "150만 원이면 충분히 살지 뭐" 그랬어요. 그러니까 중요한 건 이것입니다. 150만 원이면 '살지'가 아니라 '충분히 살지'라고 했어요.

저도 150만 원이면 살 수 있거든요. 가난하게 살아봤으니까요. 그리고 다시 한번 얘기하지만 저는 가난할 때 불행하다는 생각이 없었거든요. 집 좀 줄이고 차 팔고 전철 타고 다니면 150만 원으로 살 수 있어요.

그 생각하니까 안심이 되더라고요. 연금이 150만 원은 넘거든요. 훨씬 넘거든요. 근데 어느 날 무슨 생각을 했는가 하면, 연금은 깨질 수가 있잖아요. 특히 교단 연금은 국민연금 같은 국가 연금이 아니라서 그럴 위험이 있죠. 문득 '이 연금이 깨지면 어떻게 살지?'라는 생각이 들더라고요. 제 나이에 150만 원 버는 거 쉬워요? 어려워요?

김일환 어렵죠.

김동호 거의 불가능하죠. 만약 그렇게 되면 150만 원을 어디서 충당할 수 있을까? 그 생각을 실제로 했어요. 그런데 어느 날 텔레비전을 보니까 재미있는 얘기가 나오더라고요. 지하철 택배 사업이 있더라고요. 노인들은 지하철이 무료니까 그걸 이용해서 택배 사업을 하는 분이 있었는데, 거기서 일하는 분들이 너무 건강하고 좋아 보이더라고요.

그래서 유심히 봤어요. 저 노인들이 한 달에 저렇게 해서 얼마나 벌어 가나 하고요. 평균 80만 원 벌더라고요.

김일환 평균 80만 원이요?

김동호 네, 계산해봤어요. 마누라하고 둘이 뛰면 160만 원이더라고요.

물론 사실 그렇게 될 가능성은 실제로 없어요. 없으니까 이렇게 생각하는지도 모르겠지만, 자신 있게 얘기할 수 있는 건, 만에 하나 그런 상황이 닥치면 저는 그다음 날로 택배하러 갈 거예요. 그게 제 실력이라고요. (진지한 눈)

그런데 중요한 게 뭔지 알아요? 택배하러 나갈 때 두 가지가 중요합니다. 마스크 쓰지 말 것, 모자 쓰지 말 것.
"그렇게 나가려면 나가지 말자. 그냥 굶어 죽자." 저는
아내에게 그렇게 말했어요.

모자를 왜 써요? 햇빛 가리려면 모르겠지만, 얼굴 가리지
않고 다 드러내고 다니겠다는 거거든요. 그래도 제가 얼
굴이 조금 알려진 사람이니까 어디 가면 알아보는 사람
을 하루에 한두 사람은 만난다고요. 그러면 이런 일이 있
을 수도 있겠죠.

"김동호 목사님 아니세요?"

"예, 김 목사입니다."

"아니, 근데 목사님이 택배하세요?"

"연금이 깨져서⋯."

그런 생각을 하는 거죠. 그런데 그렇게 되면 그게 멋있다
고 생각했어요. 그건 가난할 때만 제가 부릴 수 있는 멋
이에요. 물론 저는 그렇게 살고 싶지는 않아요. 그러나
만약 그렇게 살게 되면 그것을 코디해야죠.

(옷을 만지며) 제가 입은 게 빈티지잖아요. 이거 한 40~50
년 된 거예요. 멀리서 보면 괜찮아 보여도 가까이 보면
낡았어요. 다 오래된 옷이죠. 그런데 이게 헌 옷일까요?
아들이 빈티지 가게 할 때까지도 빈티지가 뭔지 몰랐어
요. 그냥 낡은 옷인 줄 알았어요. 정말로요. 그런데 빈티

지는 패션이에요. 그걸 아들한테서 배운 거예요. 여기 뭐 묻은 게 있어요. 이렇게 안 지워져요.

처음에 옷을 하나 샀는데 집에 와 보니까 구멍이 뚫렸더라고요. 바로 전화했어요. 그랬더니 "아빠, 그거 메꾸면 안 돼" 그러더라고요. 빈티지는 있는 그대로예요. 'As it is', 이게 빈티지라고 하더라고요. 구멍 난 것, 색 빠진 것을 자신 있게 소화하는 게 빈티지라고요.

김일환 패션은 자신감이군요.

김동호 맞아요. 패션은 자신감이거든요. '아, 내가 가난해서 이런 헌 옷이나 입고 다니고…' 이러면 폼 안 나요. 그런데 빈티지를 패션으로 이해하면, 자신감이 넘치는 거예요. 그러니까 가난도 빈티지 같은 겁니다. 삶은 명품으로도 표현할 수 있어요. 명품을 입는 부자 욕할 것 없습니다. 능력 있어서 사는 거면 그것도 자기 멋이잖아요.

그런데 멋은 명품에만 있는 게 아니에요. 이 허름한 것에도 진짜 멋이 있어요. 명품이 줄 수 없는 또 다른 멋이 있거든요. 가난해도 멋있어요. 그러니까 이왕 가난할 바에는 멋있게 살아야 해요. 그게 가난을 극복하는 것이거든요.

김일환 이게 목사님이 가난한 크리스천들에게 얘기해주고 싶은 아주 귀한 메시지네요. 그런데 해석하는 '가난' 말고, 해석할 수 있는 '가난'에 대해서 이야기해보고 싶어요. 목사님, 가난이 뭡니까?

김동호 가난은 그냥 돈이 없는 거예요. 그래서 사고 싶은 것 못 사는 거고, 택배 해야 하는 겁니다. 그런데 그걸 부끄러워하면 못 이겨요. 그렇게 되면 자식에게 상처받고 세상 원망하고 살게 되죠. 하지만 내가 자신 있으면 명품 입고 다니는 사람 보고 "야, 이거 근사하다. 이거 얼마짜리냐?"라며 여유 있을 수 있습니다. 더 근사하게 "나, 이것 (빈티지 옷)도 멋있어. 넌 이런 것 모르지? 너는 그것으로만 멋을 내고 살지" 이렇게 되는 거예요.

김일환 목사님, 멋을 아시네요.

김동호 그게 멋이죠. 제가 좋아하는 말이 '근사하다'라는 말이에요. 제가 많이 쓰는 말인데요, 신앙이 있으니 근사하게 살아야죠. 근데 근사함은 돈에만 있는 게 아니거든요. 가난해도 근사할 수 있습니다.

암 환자들을 모아 집회도 여러 번 했었는데, 첫 번째 집회

때는 거의 들것에 실려 들어가서 집회했어요. 제 건강이 좋아지는 시기를 고려하지 않고 '해야겠다'라고 생각하고 바로 진행했거든요. 그때 첫 설교 제목이 "믿음의 가오"였습니다.

"우리가 돈이 없지, 가오가 없냐?"라고 하는 영화 대사처럼 "우리가 암에 걸렸지, 가오가 없냐? 가오를 잃지 말자"라고 했습니다. 암에 걸린 건 할 수 없지만, 병에 걸렸다고 밤낮 쭈그려 앉아 우울해하고 짜증 내고 불안해하고 하나님 원망하고 그러면 폼 안 나잖아요. 가오가 안 살잖아요. 암에 걸렸는데도 씩씩하게 받아들이고 인정하고, 하루를 살아도 짜증 안 부리고 사는 게 가오죠. 그리고 제가 암 환자의 방언이 있다고 했어요.

김일환 암 환자의 방언이요?

김동호 네. 우리 방언하자고 했습니다. 저는 방언 못 하거든요. 근데 암 환자의 방언이 뭐냐면, 짜증 안 부리고 감사하고 웃고 고스톱도 치고 즐거워하는 거예요. 그게 믿음을 가지면 가능한 거거든요. 그렇게 되면 암에 걸려도, 근사한 암 환자가 되는 거죠.

그러면 암에 걸려야만 잘 사나요? 아니요. 암에 안 걸리면 암에 안 걸린 대로 잘 살면 되죠. 그러니까 예수 믿는 신앙을 가지면 이 세상 환경에 그렇게 지배를 안 당합니다. 어떤 형편과 처지에서도 살 수 있는 거죠. 그게 믿음의 능력이에요. 예수는 그러려고 믿는 거잖아요.

김일환 믿음으로 근사하게 가난해지고, 가난해져도 근사하게 살 수 있다는 말씀이시죠?

김동호 맞아요. 가난해지려고 할 필요는 없어요. 그리고 가난이 훌륭하다고 할 필요도 없어요. 하지만 결국 가난할 수밖에 없다면, 그 가난을 신앙으로 잘 코디하자는 거예요.

김일환 사실 그렇게 되려면 결국 신앙이 좋아야죠.

김동호 맞아요. 그게 다 신앙으로 연결되는 거죠. 왜 그런가 하면 하나님이 저를 사랑하시잖아요. 그리고 전능하신데, 사랑하시는데도 저를 가난하게 하셨다면 억울해요. 아버지 잘못 만나서 가난할 수도 있지만, 하나님 아버지는 부자 아니에요? 천하의 부자잖아요. 그리고 저를 사랑하잖아요. 근데 저는 왜 가난해요?
그렇다면 가난해도 뭔가 의미가 있다고 생각하는 거죠.

그 의미를 찾으면 있거든요. 그리고 '아, 가난도 멋있구나'라는 것을 깨닫게 됩니다.

제가 자꾸 얘기하지만, 저희 아버지가 가난했는데 뭐가 멋있었는 줄 알아요? 당당했어요. 선생님들이 다른 수위들은 깔보고 그랬는데 저희 아버지에겐 그럴 여지가 없었어요. 아버지한테 선생님들도 많이 맞았는데, 그런데도 선생님들이 아버지를 좋아했습니다. 영감이 당당하고 기가 안 죽어서요. 제가 어려서 그걸 보고 자랐어요. 그러니까 아버지가 근사했어요. 돈은 없었지만 근사했어요.

그런 거 하나만 봐도 '가난하다, 수위가 됐다'고 못 사는 건 아니라는 것을 알 수 있습니다. 수위 치고 그렇게 당당한 수위는 본 적이 없어요. 가끔 설교하다가 예화로 드는 이야기인데, 수위실의 연탄난로하고 교장실의 연탄난로가 같았어요. 그런데 교장실 난로 뚜껑이 깨져서 가스가 새는 거예요. 서무과장이 아버지 비번인 날 와서 난로 뚜껑을 바꿔갔어요. 수위실에 있는 걸 교장실에 갖다 놓은 거예요. 아버지가 출근해서 수위실에 있는 난로를 보니까 가스가 새잖아요. 동료한테 "이거 왜 깨뜨렸냐?"라고 했더니 "서무과장이 바꿔 갔다"고 하더래요.

아버지는 깨진 난로 뚜껑 들고 교장실에 찾으러 가는 사람이에요. 서무과장을 그 교장실에 끌고 가서 "교장은

제가 좋아하는 말이
'근사하다'라는 말이에요.
제가 많이 쓰는 말인데요,
신앙이 있으니 근사하게 살아야죠.
근데 근사함은 돈에만 있는 게 아니거든요.
가난해도 근사할 수 있습니다.

가스 맡으면 죽고 수위는 가스 맡아도 사냐? 교장 선생님 새 것으로 사다 드려!" 그리고 찾아온 사람이라고요. 학교 수위한테 서무과장은 자기 인사 결정권자예요. 그런데 당당하게 말씀하신 거예요. 사실 그때 그 서무과장이 훌륭하셨죠. 자기가 잘못했으니까 그냥 인정했어요. 나중에 그 분이 집을 짓느라 잠깐 살 곳이 필요했어요. 그때 우리 집에 와서 살았어요. 우리 집이 하숙을 했거든요.

김일환 관계론적으로도 되게 잘 맞으셨겠는데요.

김동호 그러니까요. 가난한 사람들은 대개 비굴해지기 쉬운데, 아버지가 당당하니까 그런 관계가 가능했습니다.

교회가 왜 중요한가?

김일환 목사님, 여기에서 좀 깊은 질문을 한번 드리고 싶습니다. 교회 안에서도 중산층보다는 가난한 사람이 더 많고 특별히 청년 중에서도 부유한 사람보다는 가난하고 어려운 사람이 더 많거든요. 그런데 교회와 복음이 그들의 실질적인 생활과 부와 가난, 직장생활에 있어서 새로운 지표를 제시하고 삶을 도전하며 한계를 이기게 하는 역할을 해야 한다고 생각하세요?

김동호 아, 우리 교회에 청년들이 많은데 제가 바라는 모습이 있습니다. 가난한데 비굴하지 않고, 그것을 부끄러워하지 않고, 남을 시기하지 않고, 배 아파하지 않는 것, 남보다 잘 나가고 성공했을 때 갑질하지 않고, 잘난 척하지 않고, 베풀 줄 아는 모습이 제가 바라는 모습입니다. 제가 그렇게 살고 싶으니까, 그렇게 살고 싶은 사람의 설교를 듣는 아이들이 그렇게 살아야 할 것 아니에요?

그러니까 가능하면 가난에서 벗어나기 위해서 열심히 저축하고, 일하고, 택배라도 하는 모습을 배워야 합니다. 그리고 물질적으로 가난에서 벗어나기 전에 먼저 정신적, 신앙적으로 벗어나야 하죠.

제가 보기에 요즘 젊은이들이 부자가 못 되는 가장 중요한 이유 중에 하나가 절약할 줄 모르고 저축할 줄 모르기 때문입니다. 계속 돈이 들어온다고 생각하니까 지출만 하는 거죠. 저축을 해야 해요.

김일환 그런데 많이들 저축보다 주식이나 코인에 투자하려고 하죠.

김동호 그 투자가 얼마나 위험한 건데, 확률이 낮거든요. 그러니까 저축을 해야 하는 거예요.

김일환 목사님, 이 부분에서 질문드리고 싶은 게 있는데, 목사님은 오랜 시간 목회하시면서 투자, 주식, 코인 같은 걸 해서 돈을 번 사람을 본 적이 있으신가요?

김동호 글쎄요, 있겠지만 저는 관심이 없어서…. 확실한 건, 망한 사람이 훨씬 더 많을 거라는 겁니다. 그건 상식이에요. 확률을 알아야 하는데, 자기는 늘 좋을 것으로 생각하죠. 주식 투자를 전문적으로 잘하는 사람이 있어요. 그 사람은 그 일에 대한 자기 전문성과 시간을 투자해서 얻은 거니까 정당한 수익을 얻은 것으로 생각할 수 있습니다. 그런데 그냥 욕심에 '나도 하면 되겠지' 하고 덤벼들다가 망하는 사람이 100배는 더 많죠. 제가 생각할 때 가장 안전하고 좋은 수익은 저축이에요.

김일환 그게 상당히 중요하죠. 연이어서 계속 질문을 해보도록 하겠습니다. 목사님은 요즘 젊은이들의 문제로 저축과 절약을 하지 않는다는 점을 꼽았습니다. 저는 요즘 젊은이들의 가장 큰 문제 중 하나가 육체적인 노동을 경시하는 태도라고 생각합니다.

아까 목사님이 택배 배달을 이야기하셨는데, 목사님 마음 가운데 언제든지 내가 몸을 써서 일을 할 수 있고, 젊은 시절 몸을 써보셨기 때문에 육체노동에 대한 두려움이 없으신 것 같아요. 그런데 젊은 사람들 의식 가운데는 육체노동은 경하고 천한 것, 사무직이나 투자로 돈을 버는 것이 좋은 것이라는 의식이 팽배합니다. 그런 친구들에게 해주고 싶은 말씀이 있으신가요?

김동호 제가 성경에서 가르치는 말씀 중에 제일 좋아하는 것이 "네가 네 손이 수고한 대로 먹을 것이라 네가 복되고 형통하리로다"(시 128:2)예요. 이게 성경의 가르침입니다. 자기가 수고한 것에 대한 정당한 대가를 받는 것이 부를 쌓는 가장 안전하고 정확한 방법이에요.

그런데 수고는 열 개 하고, 얻기는 백 개 얻으려는 마음이 있거든요. 그건 투기죠. 대개 투자한다고 하는데, 실상 투기 성향이 강합니다. 투기는 손실 볼 확률이 너무 높아요. 자기들에겐 언제나 행운이 올 거라고, 실패 안 할 거라고 하는 착각 속에서 살아요. 부모들이 남의 애들은 다 잘못해도 우리 애들은 착하게 클 거라는 환상을 갖는 것과 똑같죠. 하지만 그건 아주 위험한 일입니다.

깊게 생각해봅시다. 내가 수고해서 얻는 노력, 노동이 왜 부끄러워요? 우리 교회 출신 청년 중에는 사업하다가 실패한 애들이 많거든요. 큰 여행사 사장했던 어떤 아이도 사업이 망하니까 택배일 하러 가더라고요. 그런데 저는 그런 걸 보면 애들이 자랑스러워요. 얼마나 건강해요.

김일환 목사님이 잘 가르치셨나 봐요.

김동호 아, 그럼요. 그거는 부끄러운 게 아니라 근사한 거예요. 회사 사장 하던 사람이 회사를 안 하게 되니까 그날로 택배 교육받고 나가서 돈 버는 거예요. 월 3백만 원은 번다고 하더라고요. 굉장히 열심히 하는 것 같아요. 그러면서 아무렇지도 않게 자기 삶에 받아들이고, 다시 회복해서 지금 또 사장 하고 있습니다.
보면 그런 애들은 다시 회복할 수 있습니다. 그런 정신을 가지면 거기서 벗어나죠. '내가 이럴 사람이냐?'라며 밤낮 자기 신세타령이나 하면 밤낮 고뇌 속에 살아야 합니다. 그런 사람들은 못 일어나요.

김일환 어떻게 보면 삶이 유연해야 하는 거죠. 하나님이 고난을 주실 땐 또 받아들여야 하고요.

김동호 네. 우리 아버지가 16세 때 동네 일본 깡패를 때려준 사람이거든요. 그런 분이 학교 수위를 했잖아요. 청소도 잘하고 일을 잘하셨어요. 아버지를 아는 분들은 아버지가 학교 수위 노릇을 하는 걸 보면 이해를 못 했습니다. 남의 밑에서 일 못하는 사람이거든요. 그런 분이셨어요. 그런데 제가 어렸을 때 아버지가 "야, 나이 50에 너 하나 낳고 보니까 학교 수위가 뭐냐, 똥구멍으로 말하래도 하겠더라"라고 하셨어요. 자기를 위해서는 그렇게 안 살았을 거예요. 그게 책임감이거든요.

김일환 너무 멋진 말씀이시네요.

김동호 아버지는 많은 일을 하셨습니다. 부두 노동자, 미군 부대 목수, 연탄 공장 노동자. 학교 수위는 양반이었죠. 그렇게 사는 게 건강한 정신이거든요. 그렇죠? 그리고 그렇게 한 달에 쌀 한 가마 반 월급 받는 걸 어머니는 아끼고 저축해서 제가 중학교 때 집을 사셨어요.
그런 게 제게 주는 교훈이 큰 거예요. 저는 아이들에게 돈을 가르칠 때 십일조 먼저 하고, 가난한 사람을 위해 몫을 지어주도록 했어요. 돈이 딱 들어오면 하나님 앞에 드리는 것과 가난한 사람을 위한 것을 떼고 그다음에 필요한 것을 사고 저축하는 것을 가르쳤습니다.

가난을 극복하는 신앙의 방법은 무엇인가요?

김일환 돈에 관한 질문은 나중에 하려고 했는데 조금 먼저 해보 겠습니다. 목사님, 돈에 대해서 항목을 항상 나누도록 자녀들에게 가르치셨잖아요. 그거 어릴 때부터 지금까지 도 하셨나요?

김동호 그럼요. 제가 아이들에게 가르친 게 없다고 했지만, 돈은 확실히 가르쳤습니다. 영락교회에 협동목사로 있을 때였 는데, 교회가 크니까 크리스마스 때 선물을 많이 받았거 든요. 그런데 아내가 큰 걱정이라고 하더라고요. "뭐가 걱정이냐?" 하니까 "애들이 귀한 줄을 모른다"라는 거예 요. 어떤 권사님이 케이크를 갖다주셨는데, 받은 게 너무 많으니까 귀하지 않다는 거예요. 귀한 게 흔하니까 귀하 지 않은 거죠.
그래서 제가 생각했습니다.
'귀한 줄을 몰라? 귀한 게 없어? 그럼 가난한 거지.'
귀한 게 없는 것은 그냥 가난한 거예요. 그런데 귀한 게 너무 많아져서 귀한 게 없어지는 것은 훨씬 질이 나쁜 가 난입니다. 그래서 제가 그걸 아이들한테 이야기했습니 다. 그때 아이들이 초등학생 때였는데, 그걸 가르쳤어요. "아빠가 이런 생각을 했는데, 너무 지나친 부가 너희를 가난하게 만든다. 아주 질이 나쁜 가난이다. 어떻게 하면 좋겠냐?"

그랬더니 큰아들이 그때 초등학교 몇 학년이었는지 기억은 안 나는데, 수학적으로 풀더라고요.

"너무 많아서 가난해졌으면, 없애면 되잖아."

그래서 한 일이, 슈퍼마켓에 가서 비닐봉지를 사다가 과일이랑 음식을 나눠서 몇십 개를 쌌습니다. 그걸 들고 나가서 신문 돌리는 사람, 청소하는 사람, 나중에는 육교에서 구걸하는 사람들한테까지 다 나눠줬거든요. 그날 저녁에 와서 밥 먹고 사과 먹자니까 사과가 없더라고요. 그래서 나가서 하나 사다가 먹었죠.

그러자 큰 아이가 그러더라고요. "야, 이제 우리도 부자다." 그래서 "뭐가 부자냐?" 물었더니 "사과가 귀하잖아"라고 하더라고요. 그럼 귀한 걸 알게 되는 거거든요. 그렇게 가르치는 거죠. 그래서 돈에 대해서는 아이들한테 참 많이 가르쳤습니다.

김일환 지금 자녀분들은 다 가난하지 않게 살고 계시죠?

김동호 아들들? 부자죠, 뭐. 저 차 사줬잖아요. (웃음)

김일환 네, 너무 훌륭한 자녀들이세요.

김동호 그럼요, 감사하죠. 또 아이들에게 이삭줍기라는 걸 가르쳤습니다. 가난한 사람을 위해서 떼어놓는 거요. 성경에 보면 '이방인과 가난한 사람을 위해 남겨두라'라고 그랬잖아요. 이삭줍기, 십일조 철저하게 하는 거죠.

그리고 아버지가 남겨주신 재산이 있어요. 땅을 샀기 때문에 그게 굉장히 커졌거든요. 목사 안 되었으면 큰 재산이 됐을 거예요. 처음에는 아이들한테 다 나름대로 몫을 정해줬습니다. 여섯 식구에 하나님까지 해서 칠분의 일씩 몫을 나눴는데, 나중에 하나님께 칠분의 일을 드리다 보니까 '조금 더 드려도 되겠다'라는 생각이 들었어요. 사는 데 돈이 그렇게 많이 필요한 게 아니거든요.
그래서 "3분의 1 드리자", "절반 드리자" 하다가 마지막에 "다 드리자"가 됐어요. "할머니, 할아버지가 고생하면서 마련하신 건데, 나는 쓰기 아깝다"라고 했죠. 저는 집도 있고 연금도 있고 하니 "그럼 너희들 다 가지라" 했더니 애들이 그냥 그 자리에서 하나님께 다 드리자고 동의하더라고요.
아무리 그래도 절대로 적은 돈은 아니거든요. 큰돈이거든요. 재산을 자기가 포기한 거죠.

김일환　자녀들이 정말로 목사님이 지표를 제시했을 때 순종을 잘하네요.

김동호　그런데 그게 얼마나 근사한가요. 근사하게 보여야만 그걸 버릴 수 있죠. 돈은 아무래도 돈인데, 그렇게 되니까 좋은 게 뭔지 알아요? 그렇게 하나님 앞에서 돈을 포기할 수 있게 되니까 돈 때문에 싸우지 않습니다. 형제들끼리 "네 거야, 내 거야" 이런 거 안 해요. 그게 얼마나 감사한데요.

아들이 차를 사줬으니까 제가 타던 차를 팔려고 했습니다. 그전에 제가 타던 차도 좋은 차였거든요. 그런데 둘째가 "그거 형 주세요"라고 하는 거예요. 형이 지금 차 팔고 없다면서요. 자기한테 달라고 하지 않고 형한테 주라니까 제 마음도 좋죠. 그래서 큰아이한테 줬는데 막내한테 좀 미안하잖아요. 그래서 제가 메일을 보냈습니다. "야, 그거 형 줬다. 너한테는 얘기도 안 하고 너는 안 챙겨줘서 조금 미안하다." 그랬더니 금방 답이 왔어요. "아빠, 나는 형이 좋은 차 타는 거 좋아"라고요. 얼마나 감사한 거예요. 그리고 또 "형이 나한테 얼마나 잘해주는데"라고 하더라고요.

둘째, 셋째가 군대에 먼저 갔는데, 큰애가 대학생이니까 아르바이트를 했어요. 그거 얼마 받았겠어요. 그런데도 그렇게 돈 벌면 그 당시에 5천 원, 만 원이라도 편지 써서 꼬박꼬박 동생들한테 보냈어요.

김일환 그 사랑을 받았군요. 정말 훌륭하네요.

김동호 그게 되니까 각자 자기 몫으로 배당했던 것인데, "하나님 앞에 다 드리자"라고 해서 PPL재단을 만든 거예요.

김일환 책에서도 봤어요.

김동호 저는 아이들이 가난한 것보다 가난하지 않은 것이 물론 좋지만, 그렇다고 해서 남들이 얘기하는 것처럼 그렇게 부자인 건 아닙니다. 만일 다 욕심부리고 살았으면 조금 더 많았을 수도 있죠.

김일환 사실 목사님 전성기에 머리를 쓰시고 에너지를 모으셨으면….

김동호 아니, 목사로서는 상상할 수 없을 정도로… 모을 수도 있었겠죠. (웃음)

김일환 네, 충분히 그럴 수 있지 않으셨을까 싶습니다. 제가 목사님 보면서 처음 느꼈던 신선한 충격은 생각보다 너무 검소하신 거예요. 왜냐하면 다른 큰 교회 목사님들을 만나보면….

김동호 제가 외제차 타는데 뭐가 검소해요?

김일환 아니, 아니요. 오히려 다른 분들 목회실 들어가보면 훨씬 더 기가 죽을 만한 장식들로 꾸며놓고 그러시는데, 목사님은 그렇지도 않으시고요.

김동호 그게 멋있잖아요.

김일환 그런데 목사님은 생각보다 "나 돈 많아" 이런 티를 전혀 안 내시는 거예요.

김동호 낼 수 없잖아요. 그건 바보 같은 일이잖아요. 그게 뭐 자랑할 일이에요? 아들이 사줬으니까 타고는 다니지만, 뒤가 근질근질해서 죽겠습니다. 저는 타고 싶은 차가 있었어요.
그런데 사실 제 철학으로도 차는 좋은 차를 타려고 했었습니다. 안전에 관한 문제니까요. 게다가 차는 1~2년 타는 게 아니니까 조금 비싸도 오래 쓰면 그게 훨씬 합리적이라고 생각하거든요. 무조건 싸고 아끼는 것만 잘하는 건 아니니까요. 그래도 외제차는 부담스럽죠. 그런데 아들이 사주니, 더 부담되고, 더 행복합니다.

김일환 주변 사람들 시선 때문에 힘드시겠지만, 충분히 이해합니다. 그리고 또 남을 위해서는 차 몇십 대 값을 쓰셨을 텐데, 한 대가 아니라….

김동호 몇십 대는 아니라도 몇 대는 샀겠죠.

김일환 아유, 남을 위해서 보낸 건 몇십 대가 넘죠. 목사님이 남을 위해서 보낸 건 훨씬 많죠.

김동호 아, 그게 제 돈 흘려보냈나요? 교회 돈을 흘려보낸 거죠.

김일환 얼마든지 교회 돈도 자기 것처럼 쓸 수 있는 사람이 많잖아요.

김동호 그건 다 도둑놈이죠.

김일환 사실 누구보다 목사님은 본인에게 끌어올 수 있을 만한

가난한데 비굴하지 않고,
그것을 부끄러워하지 않고,
남을 시기하지 않고, 배 아파하지 않는 것,
남보다 잘 나가고 성공했을 때
갑질하지 않고, 잘난 척하지 않고,
베풀 줄 아는 모습이
제가 바라는 모습입니다.

신뢰가 있는 분인데, 그렇게 하지 않으신 것도 굉장히 귀한 메시지라고 생각합니다.

김동호 그런데 그렇게 끌어올 수 있는 신뢰는 제가 '그러지 않았기' 때문에 생긴 거죠.

김일환 그렇죠. 충분히 그럴 수도 있지만, 힘을 그렇게 안 쓰는 모습, 그런 것들이 보여지고 들려지니까 부를 어떻게 사용하는지를 보여주실 수 있는 것 같아요.

청부론이란 무엇인가요?

김일환 목사님께서 한국교회의 한 획을 그은 개념이 '청부론'입니다. 청부론이란 무엇인지 얘기해주셨으면 좋겠습니다.

김동호 부에 대해서 말하자면, 저는 부를 복이라고 생각하진 않았습니다. 부는 은사라고 생각했어요. 그러니까 소명과 같은 거예요. 제 개념은 은사, 소명, 탤런트, 복이 연결되는 것이거든요. 어떻게 느껴지는가 하면, 세상 사람들의 복은 "너 복 받고 잘 살아라"예요. 그런데 기독교의 복은 "너 잘 먹고 잘 살아라"가 아닙니다. "너는 복이 될지라 … 땅의 모든 족속이 너로 말미암아 복을 얻을 것이라"(창 12:2,3)라고 나가는 겁니다.

그런 삶을 살게 된다면 복을 받는 것도 괜찮잖아요. 그렇죠? 흘려보낼 수 있다면요. 그러니까 "때를 따라 양식을 나누어 줄 자가 누구냐"(눅 12:42)라는 거예요. 양식 나눠줄 자를 찾는 거잖아요. 양식을 나눠주라고 풍년을 일으키셨는데, 어리석은 부자의 이야기처럼 이 인간은 하나님의 소명과 은사로 생각 안 하고 '내 영혼아 마음껏 먹고 마시고 즐기자' 하다 망했어요. 그건 복을 은사의 개념으로 생각 안 하고 저 혼자 잘 먹고 잘사는 걸로 생각한 거예요. 그런데 기독교의 복은 그런 게 아닙니다.

소위 성공했다는 사람 중에 두 종류의 사람이 있어요. 하나는 5천 명분을 혼자 깔고 앉아 먹는 사람, 하나는 5천 명을 먹이는 사람이에요. 제가 이 이야기를 큰아들 고3 때 처음 해줬어요. 첫째가 공부를 잘했는데 게을렀어요. 우리 집은 공부하라는 소리를 안 하는 집안이거든요. 부모님도 제게 그런 말을 안 했고요.

제가 "공부 좀 해라"라는 얘기를 딱 한 번 했습니다. 큰아이에게만요.

"성공했다는 사람 중에 두 종류의 사람이 있다. 5천 명을 먹이는 사람, 5천 명분을 혼자 먹는 사람. 세상 사람들은 5천 명분을 혼자 먹는 사람도 잘 사는 사람이라고 하지만, 그건 잘 사는 게 아니고 부자로 사는 거다."

맞잖아요. 그 사람은 부자죠. 그러나 혼자 먹는 건 잘 사는 건 아니에요. 잘 사는 사람은 5천 명을 먹이는 사람입니다. 근데 혼자 먹든, 먹이든 잘 살려면 5천 명을 먹일 수 있는 능력을 갖춰야 하죠. 그걸 부인할 필요는 없다는 거예요.

저는 아들에게 "5천 명을 먹이는 사람이 돼라"라고 했습니다. "공부해서 남 주냐?"라고 하니까 "남 줘라"라고 한 말이거든요. 그다음 날 아이가 책상 앞 전지에다 써 붙였어요.

"공부해서 남 주자. 오천 명을 먹이는 사람이 되자."

그다음에 써 붙인 말이 "최상의 것을 하나님께 드리자"였어요. 그게 제가 얘기한 청부론 전부예요. 부자 되는 일을 죄악시하거나 도둑놈 취급하지 말라는 것. 사실 건강하게 정직하게 살면 부자 될 확률이 높아요. 그게 하나님의 법칙이거든요.

그런데 부자가 되는 사람들, 출세하는 사람들, 권력을 얻은 사람들이 그것을 소명으로 받아들이지 않고 세상적인 복으로 생각해서 "내가 공부하고 내가 벌었으니까 내 거야"라고 하는 건 신앙이 아니라고요. '하나님이 나한테 이걸 왜 주셨지? 아, 때를 따라 양식을 나눠주라고 주신 거지'라고 생각하며 사는 거죠. 그게 노블레스 오블리주고, 5천 명을 먹이는 사람인 거거든요. 그걸 가르쳐야 합니다.

그리고 돈을 벌 때 수단과 방법을 가리지 않고 벌면 안 됩니다. 돈을 버는 것도 하나님의 법칙대로 정직하게, 성실하게 노력하고, 창의적으로 버는 거죠. 불법 수단 쓰지 말고, 뇌물 받지 말고요. 청부론에 그런 것들을 제시한 거예요.

제일 중요한 것은 '돈을 어떻게 잘 쓸 것인가?'예요. 경주 최 부자 같은 사람 만들어야죠. 예수 안 믿는 사람 중에도 그런 사람이 나왔는데….

김일환 경주 최 부자 얘기 해주시면 안 될까요?

김동호 경주에 살았던 최 부자 댁 이야기, 아시죠? 그 집안은 몇 대를 이어가며 한 가지 원칙을 지켰다고 합니다. "우리 마을에는 봇짐 진 사람이 없게 하라." 그러니까 자기들만 잘 살겠다는 게 아니라 함께 잘 살아야 진짜 잘 사는 것이란 신념이었죠.

비슷한 이야기가 제주도에도 있어요. 만덕이라는 이름을 가진 여인이 가난했던 시절에 큰 나눔을 실천하며 사람들을 살렸어요. 그런 분들은 단순한 부자가 아니라, 청부, 맑고 바른 부자예요.

자신의 부를 위해 사는 게 아니라, 남을 살리고 세상을 밝히는 데 그 부를 쓴 사람들. 그런 사람이 부자가 되면, 그건 세상으로부터 받은 복이 아니라, 사람들에게 베푼 삶으로 되돌아온 복입니다.

요즘 새롭게 조명받는 인물 중 한 분이 김장하 선생님이에요. 그분은 한약방을 운영하며 부를 이루신 분인데, 단순히 돈을 많이 번 것에 그치지 않고, 그 재산을 사람을 살리고, 세상을 섬기는 일에 아낌없이 사용했어요. 자기 자가용도 없더라고요. 버스 이용하거나 걸어 다니셨는데, 돈을 잘 쓸 줄 아는 사람이잖아요. 학교 세우고, 장학금 주고요. 그게 요즘 사례의 청부론이에요. 가난하게 사는 법도 가르쳐줘야 하지만 부자로 사는 법도 가르쳐줘야 하잖아요. 그러면 나라가 복을 받죠.

92년도에 유학생들을 위한 집회인 코스타(KOSTA)에 갔는데, 그때 석사, 박사 과정에 있는 학생들을 모아놓고 "고지를 정복하라"라고 얘기했습니다. 그것 때문에 비난을 많이 받았는데, 제가 얘기한 건, 세상적인 성공을 이루라는 게 아니라 그것을 잘 이용할 줄 알고 남을 위해 쓸 줄 아는 사람이 되라는 거거든요.

바울이 세상의 모든 자랑을 배설물로 여겼어요. 그렇다고 로마 시민권을 버렸어요, 안 버렸어요?

김일환 안 버렸죠.

김동호 자기를 위해서는 배설물로 여겼지만, 하나님을 위해서는 아니었어요. 잘 써먹었잖아요.

김일환 맞습니다.

김동호 바울은 잘했어요. 그 로마 시민권 없었으면 로마에 복음 전할 기회를 얻기 어려웠을 거예요. 그게 청부론입니다. 예수를 잘 믿는 사람들이 돈을 목적으로만 아는 게 아니라 소명, 은사로 아는 거죠.

그런데 은사란 개념에 있어서 중요한 게 또 있어요. 쓰면 늘고 안 쓰면 줄어요. 묻어두면 하나님이 빼앗아가시고, 열심히 쓰고 장사하면 10달란트, 25달란트로 느는 게 은사의 개념이거든요.

그리고 가난한 것이 무조건 훌륭한 게 아니에요. 가난은 부끄러운 것도 아니고 훌륭한 것도 아니고, 부도 부끄러운 것도 아니고 훌륭한 것도 아니고요.

근데 우리는 돈을 부끄럽게 생각하는 사람, 돈을 무조건 훌륭하게 생각하는 사람, 가난을 청빈이라고 훌륭하게 생각하는 사람, 가난을 부끄럽게 생각하는 사람…, 대부분 이렇게 나뉘어 있거든요. 제가 《깨끗한 부자》를 통해 말한 건, 그게 다 아니라는 거예요.

김일환 목사님이 《깨끗한 부자》에서 이야기하고 싶었던 건 결국 '삶'인 거죠? 이 부라는 걸 은사로 여겨서 이것들을 어떻게 우리 삶과 신앙 속에서 사용하는가의 문제를 다루신 거죠?

김동호 그렇죠.

목사님의 멘토는 누구인가요?

김일환 목사님께선 흔히 있는 개념들을 계속 깨버리신 거예요. 이쯤에서 제가 드리고 싶은 질문은 청부론이나 또 이런 획기적인 신학적 개념들을 누구에게 배우신 거예요? 멘토가 있으시죠?

김동호 성경이 있잖아요.

김일환 멘토가 있으신 게 아니고요?

김동호 아, 성경이 멘토죠. 성경이 얘기하는 게 그거죠.

김일환 사실 이상하리만치 목사님의 이야기는 미래학자들의 이야기와 닮아 있습니다. 제러미 리프킨(Jeremy Rifkin), 앨빈 토플러(Alvin Toffler), 그리고 워런 버핏(Warren Buffett)의 이야기와도 많이 닮았고, 요즘 하버드 강의에서 유명한 셸리 케이건(Shelly Kagan)이라는 사람이 있는데, 이 사람이 죽음에 관해 이야기해요. 부의 개념은 아니지만, 케이건이 이야기하는 죽음에 대한 개념도 목사님의 이야기와 상당히 유사하고 해박한 개념들이 있습니다. 특별히 경제학적인 부분에 있어서는 경제 자체보다는 미래학적인 개념으로, 인간론으로 취급하시는 게 있거든요. 그래서 저는 궁금했어요. 이런 것들을 배우시고 공부하셔서 획기적인 사역들을 하신 건가, 혹은 멘토가 있으신 건가….

제가 신학교 시절 때 목사님께서 이야기하신 청부가 어떤 건지를 보여주신 게 있어요. 박스 공장, 새터민 사역, 그리고 미혼모 사역, 청어람, 블레스 카페 등 이런 것들이 너무나 획기적인 거예요. 그리고 부를 어떻게 쓰는지를 보여주신 거죠. 큰 교회를 건축하기보다 보이지 않는 성전 건축을 하신 거고요. 그래서 궁금했어요. 저 말고 다른 사람들도 궁금했을 거예요. 그 당시에 생각하지 못했던 개념인데 이런 것들을 어떻게 생각하셨을까요?

김동호 목사는 평생 설교하는 사람이잖아요. 설교의 교본은 성경이고요.

김일환 맞습니다.

김동호 성경에 다 있잖아요. 제 아들이 경제학 교수인데, 자기 칭찬 같지만 "아버지는 공부도 안 했는데 어떻게 그걸 알아?"라고 하더라고요. 아들은 개발 경제 쪽에서 다루는 거라고 이야기하는데, 저는 "그게 다 성경에 있더라"라고 말했습니다.

김일환 그럼 목사님의 청부론에 교인들이 영향을 많이 받고, 그 받은 영향으로 당연히 시도하고 도전했겠죠.

김동호 그랬으면 좋겠죠.

김일환 그래서 망한 사람은 없나요? 실패하고 목사님을 원망한 사람은 없나요?

김동호 있죠. 그런데 원망은 안 하더라고요. 제가 하자는 대로 하면 망하는 사람 많아요. 예를 들면, 우리 교회 청년 다섯 명이 반도체 부품을 만드는 회사를 세웠던 것 같습니다. 제가 정확히는 잘 몰라요. 그게 벌써 20년 전쯤 됐어요. 첫 거래가 중국하고 됐는데, 이 청년들이 열심히 해서 105억 수주받았어요. 그래서 생산했는데 거래처 쪽에서 부정한 거래를 요구했습니다.

그게 보통 사람들에게는 별로 문제가 되지 않는 거래예요. 다 그렇게 장사하니까요. 근데 청년들이 "그건 정직하지 못한 거다"라고 생각했어요. 그냥 조금 어기고 하면 되는 거였는데, 청년들이 의논했습니다. "목사님이 정직하라고 그랬는데 어떡할 거냐? 그냥 눈 감고 넘어가서 돈을 벌 거냐?"라고요. 청년들은 "회사 문 닫자" 하고 문 닫아버렸어요. 그리고 망했죠. 그러니까 그 중국 사람도 "뭐 이런 놈들이 다 있냐?" 하고 놀랐죠.

그때 속으로 '야, 이 자식들아. 그렇다고 진짜 문을 닫으면 어떡하냐' 이런 생각도 들더라고요. 하도 속상하니까요. 그리고 하나님께도 원망했습니다.

"하나님의 체면도 있지 않습니까? 저렇게 용기 있게 살면 살려주셔야지, 저렇게 바보처럼 망하면 어떡합니까?"

그랬었는데, 하나님이 '두고 보라'고 하셨어요.

지금은 그 청년들이 다 잘 됐어요. 어떤 경로로 잘 됐는지 알아요? 업계에 "미친놈들이 있더라. 젊은 놈들인데…"라고 그 일이 소문이 나는 거예요. 그런데 큰돈을 굴리는 부자들은 누굴 찾는 줄 아세요? 자기들은 다 부정직하게 돈을 벌었어도 정직한 사람 찾는다고요. 근데 자기 주변에 그런 사람이 있나요? 자기가 그렇게 돈을 벌었으니 믿고 맡길 사람이 없는 거예요. 그래서 그 청년들이 다 불려갔고 다 잘됐습니다.

또 다른 사례로는, 우리나라에서 꽤 큰 카바레를 하던 분이 있었어요. 색소폰 연주를 제일 잘했어요. 그런데 그 부인이 교회를 열심히 다니고, 남편은 아내한테 끌려서 오는 거였어요. 차 태워주느라고 오는 그런 식인 거죠. 이분이 끌려와 졸면서 설교 듣다가 진짜로 예수를 믿게 된 거예요. 그래서 그 카바레 문을 닫았어요. 망했어요. 근데 망했다고 부인이 얼마나 좋아하는지…. 그건 잘 망한 거죠. 건강하지 못한 것으로 돈만 벌면 뭐 하나요. 오히려 그렇게 되면 "아, 잘했다" 싶으면서도 미안하죠.

결국 하나님이 '두고 보라'라고 그러셨는데, 하나님이 두고 보시면 괜찮더라고요. 그런 사람들은 절대로 잘못되지 않습니다. 그런 용기 있는 사람은 그다음에 일어서죠. 그걸 통해서 '왜 그렇게 살면 잘 되나?' 보면 그 사람에게 신용이 생겨요. 그래서 사람들한테 신뢰가 생기죠.
"야, 저 사람이 이런 사람이구나."
그게 엄청난 자본이 되거든요.

김일환 그렇죠. 그럼 많이 망하는 게 당연한 거죠?

김동호 그렇죠.

김일환 근데 이 책이 나가면 또 영향을 받은 사람들이 청부론적인 시도를 할 거예요. 그래서 잘 안 되고 소위 말해서 망하더라도 목사님은….

김동호 결국은 그런 배짱과 믿음과 용기 있는 사람이 나중에 크게 됩니다.

김일환 결국 더 잘됐다는 거군요.

김동호 그러니까 그런 과정이 있죠. 가끔 하나님이 '너, 이래도 매달릴 거야?'라고 하실 때가 있어요. 야곱하고 씨름할 때 하나님이 야곱한테 이길 마음이 없으셨거든요. 뭐 때문에 하나님이 야곱을 이기나요? 그냥 들어주려고 하시는 건데, 져줄 씨름을 밤새 하셨잖아요. 그러다 하나님이 환도 뼈를 꺾으셨잖아요. '너, 이래도 매달릴 거야?'라는 거거든요.

그런데 야곱이 '제 환도뼈가 아니라 목뼈를 부러뜨려 보십시오. 제가 진짜 놓게 생겼나요?' 하고 하나님과 씨름하고 이스라엘이 된 거잖아요.

환도뼈가 꺾이고 밤새도록 씨름해야 하는 것들이 있습니다. 그 과정을 겪어내야 그다음에 정말 청부가 되는거죠.

젊은 날의 청부론과 지금의 청부론에 차이가 있나요?

김일환 청부론에 대한 목사님의 젊은 날의 생각이 많은 과정을 거쳐서 이 시간에 이르렀는데, 혹시 생각이 변한 부분이 있으실까요?

김동호 단호하게 아닙니다. 제가 《깨끗한 부자》를 40대 후반? 50대 초반에 썼을 거예요.

김일환 제가 알기로는 50대 초반입니다.

김동호 맞아요. 숭의교회 시작하면서 썼으니까 50세에 썼던 것 같아요. 그때는 '이게 옳다'라고 쓴 거예요. 그리고 제가 지금 25년을 더 살았고, 저게 옳다고 생각했으니 작든 크든 저런 식으로 살았을 거 아니에요?

김일환 맞습니다.

김동호 결론은 저게 맞아요. 저 부자 아니에요? 대기업을 경영하는 사람들에 비하면 아무것도 아니지만, 은퇴한 목사가 지금 70세가 넘어서도 일하고, 누군지도 모르는 사람들이 저를 믿고 하루도 안 빠지고 헌금해주고, 그걸로 저는 하나님 일에 신나게 쓰고, 그리고 그 돈이 흘러가는 데에는 어떤 역사가 일어나고, 또 희망이 생기고….
에스겔서 47장이 그런 거잖아요. 성전에서 흘러나온 물이 발목에 차고, 그 갯벌이 진흙이 되고, 모든 죽었던 것들이 살아나고, 그런 일들을 제가 보고 살잖아요. 얼마나 감사하고 은혜로운 일이에요. 그리고 재미있죠.

김일환 그렇죠, 재미있죠. 근데 여쭤보고 싶은 게, 에스겔선교회를 하면서 선교사를 뽑는 기준이 따로 있는 게 아니잖아요. 선교 후원을 흘러보내면서 에스겔선교회가 또 하나의 교회 같은, 또 하나의 선교단체 같은 일들을 하는데,

상식적으로 생각할 때 높은뜻숭의교회에서 도와주는 구조로 갈 수도 있었을 텐데, 목사님은 그렇게 하지 않고 날기새라는 새로운 방식을 선택하셨습니다.

김동호 아니, 왜 은퇴한 교회와 관계를 유지해야 하나요?

김일환 그러니까 그렇게 하지 않는 길을 택하신 거예요. 왜 그렇게 쉬운 일을 안 하시는 거예요?

김동호 아니, 은퇴했잖아요.

김일환 그래도 예우로 충분히 받으실 수 있잖아요.

김동호 교장이 은퇴하면 예우하나요? 세상 직업들 은퇴하면 끝이죠.

김일환 근데 대부분의 한국교회는….

김동호 그거 대부분 잘못된 거예요, 제 생각에는.

김일환 교회 센터나 다른 뭔가를 세우면서 기존 교회에서 큰 후원을 받는 경우가 많죠.

김동호 그럴 수는 있는데, 전 하고 싶지 않았어요. 은퇴했으면 은퇴지. 그렇게 되면 후임자로 온 사람의 사역을 제가 제한하는 거잖아요. 제가 목회할 때는 제 목회를 하는 거고, 제 뒤에 온 사람은 여호수아의 목회를 펼쳐야죠. 그러니까 '모세는 느보산에 가야 한다'라는 게 성경에서 제가 배운 가르침이거든요. 느보산으로 가야지, 가나안에 들어가면 안 된다는 거예요.

선교를 안 하면 그만이지, 제가 꼭 선교해야 하는 것도 아니잖아요. 은퇴한 목사니까 골프만 치고 다녀도 죄의식 없어요. 은퇴했는데, 뭐 잘못한 것도 없죠. 일을 안 하고 싶으면 안 하면 되는 거예요. 현역 때 열심히 잘했으니 이제는 '열심히 일한 당신, 떠나라'라고 해서 놀아도 좋죠. 그런데 생각지도 않게 하나님이 또 이렇게 일을 주시니까 "괜찮네요" 하고 하는 거죠.

하지만 제가 목회했던 교회의 도움을 받아야 했다면 저는 안 했을 거예요. 그건 제 일이 아니라고 생각하고, 또 후배의 사역을 방해하는 것으로 생각하니까요. 그런데 그랬더니 하나님이 더 많이 주시는 것을 경험하고 있습니다.

김일환 목사님이 정말 특이하고 신비한 것 같습니다. 보통은 그게 당연하다고 생각할 텐데요. 사실 원로 목사라는 제도를 폐지해버리신 거잖아요. 1대 목사로서요. 분명히 물질적인 부분이나 어려운 부분들에 걱정이 있으셨을 텐데….

김동호 저는 150만 원 가지고 살 자신이 있었다니까요. 그걸 각오한 거죠.
사실, 150만 원 받고 사는 건 싫어요. 좋진 않지만, 그렇다고 못 살 건 아니거든요. 150만 원 갖고 사는 게 낫지, 예우받고 원로 목사 하고…, 저는 그게 더 싫으니까요.

김일환 한국교회가 목사님을 굉장히 주목했을 거라 생각해요. 은퇴 후에 목사님은 많은 사람, 많은 것들과 싸우신 겁니다. 첫째로는 세습 문제와 싸우셨고, 둘째로는 '생사를 건 교회개혁'이었죠. 그래서 분립도 하셨고요.
그러면서 사람들은 또 뒤에서 의심의 눈으로 지켜봤을 것으로 생각합니다. 새로 세우신 에스겔선교회를 통해서 이전 교회와 연결할 통로를 김동호 목사가 '만들어내겠지' 했는데, 그것도 전혀 아니었어요. 물론 목사님은 부자시죠. 근데 목사님이 원하면 훨씬 더 부를 누리실 수 있잖아요.

김동호 제가 부자죠. (웃음)

김일환 젊은 사람이 평가하기가 좀 그렇지만, 목사님은 신앙이 있다는 거예요. 용기가 있고 말한 대로 지키려고 하시고요. 근데 사실 저를 포함한 대부분의 젊은 사람들이 느끼는 실망감들은 그런 거거든요. 앞에서 말은 이렇게 하지만 뒤에서 실제로 행동이나 삶은 다른 지점이 있는 것 말이에요. 목사님은 노후에 대한 계획이 있으셨나요?

김동호 철저했습니다. 제가 저축 얘기했잖아요. 저는 원로 목사 할 생각을 안 했기 때문에 원로 안 하고도 살 수 있는 준비를 했어요. 그리고 남한테 폐 끼치는 것도 싫거든요. 그래서 기도 제목에 "하나님 은퇴하고 교회에 폐 안 끼치게 해주세요. 자식에게 짐 안 되게 해주세요"라고 했어요. 이게 경제적인 독립이에요.

제가 청빈을 싫어하는 이유는, 청빈론자는 남한테 신세 져야 하거든요. 그 무소유를 저는 무책임이라고 풀어요.

김일환 청빈은 무책임이다!

김동호 무책임이죠. 우선 소유가 없으니까 남을 돕지 못하고, 또 남의 도움을 받아야만 살 수 있게 됩니다.

김일환 맞습니다.

김동호 그게 싫어요. 제 노후는 제 책임이고, 그래서 노후가 준비되어야 원로도 거부할 수 있고 독자적으로 사역할 수 있는 거잖아요. 그냥 배짱만으로 되는 게 아니에요.

아내가 굉장히 잘해줬는데, 아내는 휴지가 두 겹으로 돼 있잖아요? 그걸 갈라서 써야 한다고 해요. 그냥 쓰면 뭐라고 해요. 그런데 감사하게도 큰일, 중요한 일에는 아까워하지 않습니다. 요즘 제가 안동에 새싹 장애인들에게 새싹 농장 기계를 사주려고 하는데, 그거 한 대에 3천만 원이거든요.

지금 열 대 모으려고 하는데 아내가 "우리도 한 대 해야지" 하더라고요. 우리 집에 지금 그만한 돈이 없거든요. 그래서 어떻게 하려고 그러느냐고 물으니, 8월에 적금 타는 게 있다고 하더라고요. 아내는 그런 돈들은 아까워하지 않아요. 근데 휴지는 뜯고 있다고요.

그래서 균형이 좋은 거죠. 아내는 돈 관리를 잘하고 저축을 잘했어요. 그리고 은행에 저축하면 어디가 이자를 얼마 주는지 다 알아봐요. 저축은 보통 시간 싸움인데 10년, 20년, 30년 하다 보니까 전혀 걱정 없죠. 그렇게 노후 준비를 한 거죠. 사실은 노후 준비만 하려고 했으면 이것보다 몇 배는 더 잘할 수 있었죠. 그런데 그러기보다는 다른 사람의 몫도 나눈거예요.

우리 집은 '저축은 수익의 얼마를 한다'라는 퍼센트가 정해져 있어요. '헌금은 얼마 한다', '남을 돕는 건 얼마큼 한다'라고 정해놓았어요.

목사 중에 저축을 불신앙으로 생각하는 사람들이 꽤 많습니다. 제가 아는 어느 목사님은 한 달 생활하고 남은 돈은 다 헌금해서 제로베이스를 만들어요. 제가 그러면 안 된다고, 저축을 해야 한다고 그랬더니 그냥 가만히 계시더라고요.

근데 그 목사님 아들이 결혼할 때 사역하시는 교회에서 부조를 어떻게 했을까요? 그때 우리 아들도 결혼했어요. 제가 매주 설교하던 높은뜻숭의교회에서 얼마 부조했는지 아세요? 담임목사 아들 결혼식 때 20만 원 했어요. 왜 20만 원인지 알아요? 모든 성도에게 경조비가 20만 원이었으니까 동일하게 하는 거예요. 그게 옳잖아요. 저는 월급 받으니까 그게 가능했던 거죠.

그러니까 저도 준비를 많이 했어요. 아들 장가갈 돈 떼놓고, 제 노후에 연금도 떼놓고 하는 거죠. 그 대신 제가 쓸 수 있는 돈을 좀 줄이는 건 해야죠.

김일환 마치 요셉처럼 흉년 7년을 대비하신 거네요.

김동호 그렇죠. 7년 풍년 때 7년 흉년을 대비하라는 것으로 생각합니다. 사실 돈 모으는 일은 아내가 최고 전문가예요. 목사 사모들에게 강의하러 다녀야 해요. 제가 교회 가는 데마다 그 목사 부부한테 "저축하세요?"라고 물어보거든요.

조그만 개척교회나 산골 교회에 가서 "저축하세요?" 했더니, 그 목사 사모가 "목사님은 큰 교회 하시니까 저축 좋아하실 수 있죠. 우리는 먹고살기도 바빠요"라고 하더라고요. 근데 저도 지지 않죠. "세 끼는 먹어요?" 그랬더니 "세 끼 먹죠" 하시기에, 그러면 "두 끼만 먹고 한 끼는 저축해요. 지금은 세 끼 먹을 수 있지만 은퇴하면 세 끼 못 먹어요. 지금 한 끼를 저축하면 그때 안 굶어요"라고 하죠. 그리고 아까 말한 우리 어머니가 아버지가 월급 쌀 한 가마 반 받을 때 저축해서 집 사셨다는 그런 얘기를 해줍니다.

돈과 관련해서 신앙도 있어야 하고 철저한 계획도 있어야 하고 원리를 알아야 합니다. "나는 비천에 처할 줄도 알고 풍부에 처할 줄도 알아 모든 일 곧 배부름과 배고픔과 풍부와 궁핍에도 처할 줄 아는 일체의 비결을 배웠노라"(빌 4:12). 가난해도 아끼고 또 저축하는 노력이 있어야 해요.

김일환 목사님, 금전 출납부에 대해서 항상 얘기하셨잖아요. 지금도 갖고 계신 거죠?

김동호 네, 자식들한테 주려고요. 그런데 이제 더 이상 안 써요. 그런 것들이 자녀들을 가르치는 거예요. 큰아들 집에 가니까 아들이 쓰는 금전 출납부가 있더라고요. 제가 보지는 않았지만, 아들도 그렇게 살려고 애쓰는 거죠.

가난한 사람들의 공통점이 있나요?

김일환 목사님은 교회 안에서 다양한 사람들을 경험하셨잖아요. 혹시 가난한 사람들의 공통된 특징이 있을까요?

김동호 굉장히 조심스러운 부분이네요. 가난한 사람에 대한 특징을 사회학적으로는 얘기할 수 있겠지만, 목회자는 함부로 얘기하면 사람에게 상처 입힐 수 있어요. 다만 가난한 이유가 있다고 생각합니다.
높은뜻숭의교회를 처음 시작하고 제일 먼저 한 게 남산 쪽방을 돕는 일이었습니다. 늘 가난한 사람, 사회적 약자에 대한 관심이 있었거든요.
그들을 도울 때 원칙이 있었는데 단순히 뭘 나눠주는 식

저는 부를 복이라고 생각하진 않았습니다.
부는 은사라고 생각했어요.
그러니까 소명과 같은 거예요.
기독교의 복은
"너 잘 먹고 잘 살아라"가 아닙니다.
"너는 복이 될지라…
땅의 모든 족속이 너로 말미암아
복을 얻을 것이라"(창 12 : 2,3)
라고 나가는 겁니다.
그런 삶을 살게 된다면
복을 받는 것도 괜찮잖아요.

의 구제는 가급적 안 했습니다. 그게 나빠서가 아니라 하는 데가 많으니까요.

그래서 무담보 나눔 운동을 해서 돈을 빌려줘서 장사하게 하고, 거기서 돈을 벌면 갚게 하는 일들을 했거든요. 처음에 3백만 원씩을 빌려주었습니다. 그랬더니 그 분들이 구두닦기도 하고, 박스 장사도 하고, 구멍가게도 하고, 반찬집도 했는데 다 망했어요.

김일환 그럼 돈 회수는 안 됐나요?

김동호 당연히 안 되죠. 그거 각오하고 하는 거예요. 돈을 회수할 생각으로 했다면 장사 잘하고 잘 아는 사람한테 투자하죠. 일반 투자회사처럼요. 그때 조심스럽기도 하고 그 분들에게 상처가 될 것 같아서 표면적으로 말은 안했지만, '아, 이분들은 돈 못 버는 은사가 있구나' 하는 생각을 했습니다.

김일환 그 특징이 무엇인가요?

김동호 옛날에 텔레비전에서 '대박집, 쪽박집'을 비교해서 보여주는 프로그램이 있었어요. 똑같은 설렁탕 가게인데, 대박집은 줄 서야 하고 번호표도 안 줘요. 반면에 쪽박집은

파리만 날리죠.

쪽박집 사장들을 대박집에서 훈련받게 했는데, 대박집은 정말 일 강도가 셉니다. 그릇 하나 닦는 것조차 얼마나 철저한지, 쪽박집에 있는 분들이 그 작업량이나 노동량을 못 따라가더라고요.

그리고 또 다른 얘기인데, 예전에 마이크로 밴 두 대를 사줘서 여섯 명씩 이동 세차 사업을 하게 했습니다. 그래서 제 차를 맡겼어요. 시골 갔다 와서 진흙이 묻어 있었거든요. 그런데 차를 다 긁어놨습니다.

진흙이 있으면 진흙 속에 모래가 있잖아요. 그럼 차를 걸레로 한번 닦은 다음에 깨끗하게 빨아야 하는데, 대충하니까 걸레 속에 잔모래들이 있는 상태로 차를 닦아 흠집이 생긴 거죠. 그런데 그런 신경을 안 써요. 나쁘게 말하면 대충합니다.

김일환 그게 경제학자들이 이야기하는 굉장히 중요한 가난한 사람들의 태도인데요, 가난한 사람들의 특징 중 하나가 '포멀리즘'이에요. 뭐든지 섬세하게 하지 않는 거죠.

김동호 맞아요. 그게 돈뿐만 아니라 모든 일을 그런 식으로 해요.

우리 아이가 지금 빈티지 가게를 하는데 가끔 골프 모자도 만듭니다. 깜짝 놀란 게, 골프 모자를 만들 때 얼마나 고민하는지 몰라요. 챙의 깊이가 몇 밀리미터여야 하는지까지 고민합니다. 1밀리미터가 더 나가고 덜 나가고에 따라서 모양이 달라진다고요.

명품 브랜드들이 가방을 만들 때 바늘 땀 수가 몇 개인지까지 따지잖아요. "이거 다 비슷하네"라고 할 수 있지만, 실제로는 땀 수가 10개일 경우와 11개일 경우가 달라요. 쓰는 데는 별 상관없지만요.

또, 제가 아는 양복 만드는 사람도 굉장히 비싼 양복을 파는데 돈을 못 벌어요. 너무 공을 많이 들여서요. 그 사람은 옷을 사랑하는 사람이에요. 고가의 양복을 팔아서 벌 수 있는 돈 중에 상당 부분을 옷에다 다시 쓰는 거예요.

김일환 어떤 의미에서 그게 프로인 것 같아요.

김동호 그렇죠. 그런데 반대로 가난한 사람들은 대개 일을 대충 해요. 적당히 하고요. 노숙자들과 함께 일했는데, 그 양반들은 끈기가 없습니다. 일을 하다가 월급 받으면 그 다음 날 안 나와요. 가서 보면 그 돈으로 술 먹고 있어요. 이런 삶의 태도들이 가난으로 이끄는 굉장히 중요한 요인들이 될 거예요.

물론 그것만은 아니죠. 사회적인 환경과 여건도 있으니까요. 둘을 다 균형 맞춰서 생각해야 하는데, 사회 책임이냐 개인의 책임이냐를 가지고 논쟁이 생기지만, 저는 둘 다 있다고 봅니다. 다만 가난한 사람들은 가난에 대해서 스스로 책임을 질 줄 알아야 한다는 생각이 듭니다.

그리스도인은 가난을 어떻게 접근해야 할까요?

김일환 저는 개인적으로 교회 안에서 느낀 것이 있습니다. 저희 교회 아이들에게도 얘기한 적이 있는데, 편하게 표현해서 요즘 젊은 세대들은 피해의식이 큰 것 같아요.
가난 극복에 대해 계속 얘기하고 있지만, 자기가 가난할 수밖에 없는 이유에 대해서 부모와 환경과 자기 조건과 능력을 탓하는 데 특화되어 있습니다. 뭐든 안 될 때 옆과 주변을 원망하고, 자기는 피해자로 만들어서 자기를 보호하려고 하고, 정직하게 자기 실수들에 대해서는 생각하지 못하더라고요.

김동호 사실 그들이 하는 말도 일리가 있어요. 세상을 고쳐나가야 할 부분이 분명히 있죠.

하지만 그 아이들에게 해주고 싶은 얘기가 있어요. "그래. 네 말이 맞다고 해도 네가 그렇게 생각하는 한 너는 가난에서 벗어나지 못한다"라는 거예요. "네 말이 옳다 치자." 그리고 상당히 옳은 면이 있어요. 그런데 "네가 그렇게 생각하며 원망만 하는 한 너는 절대로 가난에서 벗어나지 못해"라고요.

김일환 결국 이 책을 읽는 독자들과 그리스도인들이 가장 버려야 할 것은 '대충하는 것', '끈기 없는 것', '피해의식으로 스스로 책임지지 않고 책임을 전가하는 것들'입니다. 고쳐야 하는 부분이잖아요.

이런 것들을 고칠 때 가장 중요한 요소가 당연히 교회론이나 설교일 텐데요, 목사님의 설교를 평소에 들어보면, 뜬구름 잡는 이야기가 아니라 굉장히 중요한 요소들을 짚어주시는 것 같아요. 우리 생활에 더 파고드는 설교, 성도들의 삶을 깊이 들여다보는 설교들이 여전히 필요하다고 생각하시는 건가요?

김동호 네. 가난의 이유는 삶의 만족과 행복을 물질적인 가치에서만 얻으려고 하기 때문이에요. 그러다 보니 쓸데없는

데 돈을 많이 써요. 돈을 버는 것보다 쓰는 게 많아지니 가난해질 수밖에 없죠.

신용카드도 쓰긴 하지만 저는 주로 체크카드를 씁니다. 워낙 가난했기 때문에 부모로부터 외상하는 법을 배우지 못했어요. 예전에 정말 가난했을 때도 두부 한 모도 가게에서 외상으로 사지 않았습니다.

그렇게 되면 그만큼 다음 달에 짐이 더 늘어나거든요. 그러니까 버티는 거고, 절제하는 거죠. '꼭 써야 하는 건가, 안 써도 되는 건가'를 생각하고, 얼마를 벌든 거기에는 저축의 몫이 단돈 천 원이라도 늘 있어야 해요. 가난해도 적자를 안 만드는 겁니다. 수입이 적으면 소비도 줄이면 되잖아요.

그리고 '써야겠다, 이건 필요하다' 하는 데는 돈을 써요. 또 즐길 줄도 알아야 하거든요. 근데 정말 필요 없는 데는 안 쓰고, 그걸 자랑하지도 않습니다. 허세에 빠지면 백 원짜리 사야 할 형편인데 그게 창피해서 남들 천 원짜리 사는 걸 따라 사는 거죠. 그게 빚이 되는 거잖아요. 요즘 사람들은 다 빚쟁이예요. 할부하면 다 갚아야 하는 빚이 되는 거죠.

돈을 벌려면 가난에 처할 줄 알아야 한다는 것은, 가난한 대로 멋을 부릴 줄 알고 '꼭 뭘 가져야만 한다'라고 생각하지 않는 거예요. 가지고 있는 사람도 좋겠지만 '안 되니까 이만큼으로 살 거야' 하는 철학들이 있어야 하는데, 그게 다 신앙하고 연관되는 일입니다.

우리 신앙인들이 그럴 수 있는 이유는 예수를 믿으면 존재 가치가 높아져요. 근데 세상은 대부분 소유 가치로 따진단 말이에요. 그러니까 "나는 흙수저야, 쟤는 금수저인데"라고 하는데, 예수님을 믿는 사람은 "내가 왜 흙수저야? 다이아몬드 수저지. 돈이 좀 없을 뿐이야"라고 생각해야죠. 하나님의 자녀로서 존재론적인 신앙의 가치가 있으면 허세 부릴 거 없어요. 대개 허세 때문에 가난해지거든요.

김일환 맞습니다. 개인적으로도 젊은 친구들이 SNS 같은 건 좀 끊고 그 시간에 책을 더 읽고 자기 삶의 실력을 준비하는 부분들을 더 연습하면 좋을 것 같아요. 대부분 SNS에서 나는 갖지 못한 것들, 또 갖고 싶은 것들, 이런 헛된 환상들을 계속 심어주기 때문에 부정적 영향을 주는 것 같습니다.
목사님이 얘기하신 것 중에서 '가난에 처할 줄 알아야 한다'라고 말씀해주셨는데, 그럼 '가난에 처할 줄 아는 지혜'를 한번 이야기해보고 싶습니다.

김동호 자기 형편에 알맞게 사는 거예요. 예를 들면 제가 은퇴할 때 아내에게 "한 달에 얼마면 살 수 있겠어?"라고 물어보니까 아내가 "150만 원이면 충분히 살지"라고 얘기했다고 했잖아요? 그게 8,9년 전이니까 지금 생각에는 그보다는 돈이 더 많이 들겠죠. 그런데 진짜로 '150만 원 가지면 살 수 있을까?' 생각할 때 앞이 깜깜하진 않아요.

김일환 가난에 처할 줄 안다는 거네요.

김동호 그렇죠. 그다음엔 계산해야죠. 가계부 쓰듯이요. 식비는 얼마를 써야 할지, 한 달에 극장 한두 번은 갈 수 있는지 계산합니다. '아, 차는 팔아야 하겠네. 그럼 버스 타고 지하철 타고 다녀야지'라고 계획을 세우는 거예요.
가난에 처할 줄 안다는 것이 그냥 막연히 사는 게 아니라, 계산도 잘할 줄 알아야 한다는 거예요. '150만 원 갖고 어떻게 야무지게 살 수 있을까?'를 고민하는 겁니다. 어머니는 아버지가 그 돈 갖다주셨는데 제 학비 한번 밀린 적이 없거든요.

김일환 대단하신 것 같아요.

김동호 대단하죠. 아버지가 신기하게 생각했어요. "어떻게 당신은 내가 그 돈밖에 안 갖다주는데 애 학비를 안 밀리고 딱 그 날짜에 갖다주냐?"라고요. 아버지가 봉투에 월급을 받아오시면 즉시 학비를 떼요. 석 달에 한 번씩 냈는데, 내야 할 학비 3분의 1만큼 떼는 거예요. 그러니까 애 학교 학비 할 돈, 쌀 살 돈, 반찬 할 돈으로 나누신 거죠. 계획 없이 살면 1천5백만 원 갖고도 못 살아요. 돈은 언제나 모자라게 돼 있어요. 그러니까 자기 씀씀이를 통제하고 수입과 지출에 맞춰서 가계부를 쓰라고 하는 거죠.

처가가 우리보다 더 가난했어요. 형제가 많았으니까요. 장인어른이 몸이 약해서 직장생활을 못 할 때가 있었는데, 좀 창피한 얘기일 수도 있지만, 친구들하고 도박을 한 모양이에요. 근데 돈을 다 잃으셨대요. 그리고 집에 돌아와서 장모님한테 "돈 좀 달라"고 하셨대요. "저기 가서 빌려오면 내가 따 온다"고요.
장모님도 돈을 봉투에다 다 나눠서 쓰시던 분이거든요. 장인어른 앞에 봉투를 딱 놓고 "여기서 꺼내 가라"고 하셨대요. "쌀값에서 빼 가든지 애들 학비에서 빼 가든지" 하라고요. 근데 빼 갈 데가 어딨어요. 그래서 장인어른이 그냥 돌아가셨다고 하더라고요.
가난해도 비굴하지 않고 살 수 있는 것들을, 신학적이

든 신앙적이든 경제적이든 수학적이든 실질적인 설계도를 가지고 거기다 맞춰서 연습해야죠. 그게 막연히 말만으로 되나요? 목표는 '가난해도 비굴하지 않겠다. 이 가난은 극복하겠다'라고 생각해야죠. 정신적으로도 극복하지만, 절대로 남한테 손 안 벌리겠다는 거거든요. 그게 목표에 기댄 거예요.

그거 싫으면 어떻게 해요? 조금이라도 미리미리 모아놨다가 연금 들고 노후 준비하는 거죠.

김일환 어떻게 보면 은퇴 이후의 준비를 참 오래 하신 거네요.

김동호 오래 정도가 아니라 평생 한 거죠. 그렇지 않으면 못 해요.

헌금과 가난의 관계

김일환 목사님, 가난과 헌금에 대해서 한번 얘기해보고 싶어요. 가난한 사람들은 가난하다고 헌금을 거의 못 한단 말이에요. 또 늘 얘기하는 부분들이 돈이 없는데 헌금을 해야 하냐는 거예요. 특별히 십일조 같은 상징적인 헌금들에 대해서 해주고 싶은 얘기가 있으실까요?

김동호 부자도 자기 쓸 거 다 쓰고 난 다음엔 헌금할 돈 없어요. 가난한 사람도 마찬가지예요. 아까도 얘기했듯이 삶을 잘 계획해서 넣는 거예요. 꼭 필요한 것들이 있잖아요. 근데 그중에 헌금도 넣는 거예요. 허세 부릴 건 없어요. '헌금을 얼마큼 할 수 있는가?'라고 생각하는 거죠. 과부의 두 렙돈도 귀히 여기시는 분이니까요. 우리도 과부의 두 렙돈만큼은 낼 수 있잖아요. 그런 것들을 가난하다는 핑계로 접지 않는 거예요. 할 수 있는 대로 하면 돼요.

저는 교인들한테 헌금 얘기를 많이 했어요. "하나님의 몫이 있다. 십일조 내라. 가난해도 십일조는 건들지 말아라. 그거 떼고 살아라"라고 했죠. 쓰고 내려면 십일조 못 내요. "십일조 떼고 살면 살 수 있다"라고 하죠.

그리고 반드시 나보다 더 어려운 사람들을 위한 몫을 떼라는 이야기를 자주 했어요. 성경에도 레위기에 보면 '밭의 곡식을 거둘 때 밭모퉁이까지 다 거두지 말고, 떨어진 이삭도 줍지 말라'고 하셨어요. 그 이유는 가난한 사람과 나그네를 위한 것이라는 거예요. 이게 바로 하나님의 경제관입니다.

그런데 어느 날 한 교인이 저에게 물었습니다.

"목사님, 그 네 귀퉁이라는 게 정확히 얼마를 말하는 건가요?"

김일환 오, 정말 궁금하네요. 얼마인가요?

김동호 제가 실제로 계산해보자 마음먹었죠. 정사각형 밭을 생각하면 한 변이 10미터라고 가정할 수 있습니다. 그럼 전체 면적은 100제곱미터가 되고요. 네 귀퉁이를 떼려면 내접한 원을 계산하면 되잖아요.

그러니까 반지름이 5인 원의 면적을 구해서 그걸 빼면 네 귀퉁이의 합이 나오겠더라고요. 원의 면적을 구하는 공식이 '반지름 × 반지름 × π(약 3.14)'니까, 그 공식에 따라 계산하면 원의 면적은 25파이(π), 즉 약 78.5제곱미터가 나오더라고요.

그러니 전체 밭에서 네 귀퉁이를 뗀 나머지는 '100 − 78.5', 약 21.5제곱미터 정도예요. 그게 하나님의 몫, 가난한 자의 몫이라는 거죠. 계산해 보니 우습게 넘길 양이 아니더라고요. 오히려 무게감 있게 받아들여지더라고요. 그때부터 실제로 제 수입 중 일정 부분을 하나님의 몫, 그리고 더 어려운 이웃을 위한 몫으로 떼어놓기 시작했습니다. 목표는 네 귀퉁이, 약 21.5퍼센트였어요.

김일환 그럼 목사님 월급 받으셔도 개인적으로 쓰실 여윳돈이 많이 없으셨겠네요.

김동호 규모 있게 살면 다 떼고도 살 수 있어요. 우리 집을 바깥 사람들한테 공개 잘 안 하거든요. 제가 좀 내성적인 면도 있어서 그런데, 가끔은 저 사는 꼴을 좀 보여주고 싶어요.

왜냐하면 쓰는 가구, 식탁 같은 데 돈 안 들여요. 오늘 당장이라도 사려면 살 수 있거든요. 근데 별로 불편하지 않아요. 허튼 데 돈 안 쓰는 거예요.

김일환 집 안 가구들을 잘 안 바꾸신 거예요?

김동호 네, 밖에 내다 놔도 아무도 안 가져갈 걸요. (웃음) 진짜로 안 가져갈 거예요. 오히려 돈 내야 치워주죠.

우리 막내아들이 어느 날 자기 아파트에서 누가 가구 바꾸면서 식탁하고 소파를 내놨다고 사진 찍어서 보냈더라고요. "아빠, 이거 집에 있는 것보다 좋은데 보내줄까?" 하더라고요.

그러니까 돈을 규모 있게 쓰는 훈련을 해야 해요. 그렇게 규모 있게 자기를 위해서 쓸 때 쓰고 아낄 때 아끼면 정말 써야 할 돈의 여유가 생겨요. 쓸 수 있는 돈의 여유가요.

김일환 목사님의 가난을 극복하는 지론, 또 헌금까지 이야기해

보면 먼저 돈의 설계도를 정확히 그리라는 거고, 그 안에서 하나님께 드릴 몫과 생활비, 모든 요소를 다 나누라는 거네요. 참 지혜로운 말씀 같습니다. 필요한 말씀이고요. 요즘에는 그런 부분들을 생각하지 않고 대부분 신용카드로 일단 긁고 보는 것 같아요.

김동호 신용카드가 참 위험해요. 긁을 때는 아무것도 안 나가는데, 그게 다 빚이고 나중에 갚아야 하잖아요. 짐이 되는 걸 몰라요.

김일환 그렇죠. 못 갚으면 이자가 또 붙고요.

김동호 그렇죠. 이자도 많이 받고요. 카드가 무이자 할부도 된단 말이에요. 근데 저는 거의 할부를 안 해요. 예를 들면 휴대폰을 살 때 무이자 할부를 하는 게 계산적으로 저한테 유리하잖아요. 근데 오늘 지불해야 될 돈을 내일로 미루는 거를 잘 못 해요.

김일환 그럼 한 번에 다 내시는 거예요?

김동호 그렇죠. 그러니까 한 번에 살 수 있으면 사고, 아니면 그 돈이 모일 때까지 기다려야죠. 근데 그게 바보 같은 짓이에요. 어차피 그 돈은 모일 거고 이자도 안 물린다면, 그 냥 미리 당겨서 사면 되잖아요.

김일환 그렇죠.

김동호 결국 외상 안 지겠다는 거예요. 한 달의 수입과 지출에서 마이너스 되는 일을 못 하는 거죠. 마이너스 되면 가난 해지니까요. 다음 달 10원이라도 플러스를 만들기 위해 서는 그냥 되는 게 아니에요.
카드를 긁을 때 "이거 해도 되나? 할부해도 되나?"라고 구체적으로 따져보고 해야죠. 그리고 '갚을 수 있나?'라 고 고민도 하고요. 왜 저축해서 이자를 받아야지, 할부 해서 이자를 물어요?

김일환 너무 귀한 말씀 같습니다, 목사님. 저축해서 이자를 받 아야죠.
저도 저희 교회 아이들에게 저축을 정말 많이 강조해요. "저축하고 살다 보면 돈 쓰는 기쁨보다 돈 벌고 모으는 기쁨이 더 크다는 걸 알게 된다. 5백만 원 쓰는 기쁨도 있 지만 5백만 원 버는 기쁨은 훨씬 더 크다. 내 통장에 1천 만 원이 모이는 기쁨은 1천만 원 쓰는 기쁨보다 훨씬 크 다"라고요.

그 부분을 굉장히 많이 알려주면서 실제로 저희 교회에서 그런 연습을 합니다. 이번 연도에 2백만 원 모으기 위해 올해 옷을 딱 두 벌만 사기로 했어요. 그런데 이번에 연애를 시작한 한 친구가 데이트를 해야 해서 이미 옷을 다 샀다는 거예요. 그래서 자기는 가난을 극복 못 한다고요. (웃음)

그렇다면 목사님 십일조에 대해서는 어떻게 생각하세요? 많은 사람이 세전에 해야 하나, 세후에 해야 하나 궁금해하더라고요.

김동호 세후에 해도 괜찮다고 생각해요. 왜냐하면 내 수입이니까요. 세전으로 내도 못 할 건 없지만, 세전에 낸 사람이 세후에 낸 사람을 비난할 필요는 없다고 생각해요.
제가 실제로 12년 동안 금전 출납부를 쓴 발단이 뭔가 하면, 미국에 집회하러 갔는데 미국 청년들 중에 신앙 좋은 친구가 많더라고요.
그 당시에 유행 같은 게 있었는데, 그 청년들이 "하나님, 연봉 10만 불이면 십일조를 내겠습니다. 20만 불이 되면 십이조 내겠습니다"라고 하는 거예요. 그렇게 십구조까지 한다는 거예요. 자기들이 돈을 얼마나 벌든지간에 이만큼만 쓰고 살겠다는 건데, 근사하다고 생각했어요. 그 친구들에게 선량한 자극을 받았어요. 그래서 가계부를 쓴 거예요. '나도 한 번 해봐야지' 하고요.

그래서 십칠조까지 내봤어요. 내느냐고 혼났죠. 그러고 나니 돈이 부족해서 '이건 지나치다'라고 생각하고 다시 물렀어요. 그래도 십구조까지 가보려는 마음을 가져야죠.

김일환   십의 구조요….

김동호   그렇죠. 그러니까 돈을 복으로 생각하지 않고 은사로 생각하면, 저를 통해 쓰려고 주시는 거니간 잘 써야죠. 가계부를 쓰면서 십칠조를 내면서도 내가 쓸 것, 커피 마실 것도 빼놓지 않았어요. 그리고 저는 제 집이 있어요. 왜냐하면 은퇴하고 교회에서 주는 집에서 살고 싶지 않았거든요. 그러니까 은퇴하기 전에 내 집을 마련한 거죠.

그래도 저는 수입이 적지 않은 사람이었는데, 그 이상은 욕심 안 부리고 십사조도 떼어보고 십오조도 떼어보고 십칠조까지 무리했다가 다시 바꿔서도 해보고 하는 거죠. 그런 데까지 가야지 세전이냐 세후냐 가지고 따지는 건 조금 쪼잔해요. 제가 보기에는요.

김일환   그래도 젊은 사람들이 이런 질문을 한다는 것 자체가 중요한 거죠.

김동호 그렇죠. 어떻게든 하려고 하는 거니까요. 세후에 내도 양심의 거리낌을 받을 필요는 없다고 생각하거든요. 근데 가능한 한 십구조까지 한번 해봐라.

김일환 네, 그런 믿음을 가져봐라.

김동호 그러니까 돈 버는 이유가 돈 벌어서 남 주려고, 헌금하려고, 잘 쓰려고 하는 거죠.

김일환 네. 맞습니다. 미국에 목사님이 말씀하신 운동이 실제로 있었나 봐요. 레이크우드처치(Lakewood Church)라고, 한 5만 명 정도로 미국에서 가장 큰 교회 중 하나인데요, 굉장히 멋지게 만들었어요.
근데 그 교회를 장로 한 명이 건축했다고 해요. 당연히 다른 사람들도 헌금했지만 많은 부분을 장로 혼자 다 했다고 하더라고요.

그 분 하는 얘기가 "내 평생 목표가 십구조 하는 건데, 십구조를 하는 날 하나님이 교회를 건축하게 할 거다"라는 마음을 주셨고, 그 비전으로 살아오던 중에 기회가 와서 십의 구조를 했다는 거예요. 사실 그 사람은 교회 건축하는 데 전 재산을 썼는데, 남은 10분의 1로 하나님이 다시 일으키셔서 헌금했던 십구조보다 몇 년 만에 더 크게 일으키셨다고 하더라고요.

김동호 이런 부분이 잘못하면 기복적으로 설교하기 쉬워요. 그렇게 되면 "이렇게 하면 하나님이 이렇게 주신다"라고 오해할 수 있어요.

그런데 그렇게 될 가능성이 큰 이유가 뭔가 하면, 다시 한번 말하지만, 돈을 은사라고 생각하고 주를 위하여 잘 쓰는 사람에게 하나님이 맡기시겠죠. 당연히 원리가 그렇잖아요.

그리고 그 장로가 나중에 더 번창해졌다고 해서 그 돈을 자기가 다 쓰지는 않았을 거 아니에요. 자기는 쓸 만큼 쓰는 거죠.

그래도 "십구조를 냈더니 하나님이 또 복을 주셨다"라고 너무 주판 튕기듯이 하지는 않았으면 좋겠어요. 또 그런 쪽으로 교회가 자꾸 교인들을 몰아서 헌금하게 하려고 하는게 저는 싫어요. 그건 싫지만, 저도 십구조 해보고 싶어요.

우리 신앙인들이
그럴 수 있는 이유는
예수를 믿으면
존재 가치가 높아져요.
하나님의 자녀로서
존재론적인 신앙의 가치가 있으면
허세 부릴 것 없어요.
대개 허세 때문에 가난해지거든요.

Overcome

"

PART

04

극복할 수
있는가?

"

―――――충성과 실력을 쌓을 때 성경을 읽으면서 주목하는 게 있습니다. 예수님이 충성을 칭찬하실 때 "네가 작은 일에 충성하였으매"(마 25:23, 개역한글)라고 말씀하시더라고요. 왜 '작은 일에 충성한다'는 말을 그렇게 도드라지게 쓰셨을까 생각해보는데, 큰일에 충성하는 것보다 작은 일에 충성하는 게 더 어렵습니다. 하찮아 보이는 일, 작은 일, 소소한 일 이런 것들 말이에요. 그런데 그걸 대충 해놓으면 큰일에 충성할 기회가 없습니다.

이 대화에서 김동호 목사는 "신앙이 가난과 부를 어떻게 통과하게 하는가"라는 질문을 생활의 언어로 풀어낸다.

그는 신앙을 성공의 공식이나 고난 회피 기술로 보지 않는다. 오히려 신앙은 통장 잔고, 직장의 불안, 실패의 상처, 가족의 걱정 같은 가장 현실적인 문제들에 깊숙이 닿아 있어야 한다고 말한다. 그래서 그는 '고지론'과 '청부론'조차 출세를 약속하는 번영주의와 구별하며, 세상적 성공을 위해서가 아니라 자신에게 맡겨진 자리에서 정직함과 공공성을 실천하기 위해 높은 자리에 설 수 있다고 설명한다.

더 나아가 김일환 목사는 젊은 세대의 현실을 짚으며 대화를 확장한다. 그는 오늘의 청년들이 실패를 구조 탓으로만 돌리거나, 가난, 취업난, 불안정성을 신앙의 좌절로 해석하는 경향을 언급하며, 신앙이란 '한 방향의 성공'을 약속하는 것이 아니라, 여러 방향으로도 흔들림 없이 걸어갈 수 있는 내적 생존력이라고 강조한다.

또한 '공부냐 아니냐', '성공이냐 실패냐' 같은 이분법은, 결국 신앙을 왜곡한다고 지적한다. 오히려 작은 자리, 천한 일, 미약한 가능성 속에서 성실하게 살아내는 힘이 신앙의 본질과 더 가까이 있다고 말한다.

두 사람의 논의는 결국 하나의 지점으로 모인다. 신앙은 가난과 부를 평가하는 잣대가 아니라, 그것을 어떻게 견디고, 어떻게 선택하며, 무엇을 위해 사용할 것인가를 묻는 책임의 기준이다.

두 사람의 사려 깊은 대담은, 결국 아름다운 문법을 형성해 낸다. 즉, 돈은 편안함을 줄 수 있지만 평안을 줄 수는 없고, 부는 축복일 수도 있지만 시험이 될 수도 있으며, 가난은 결핍일 수 있지만 동시에 사람을 단단하게 세우는 공간이 될 수도 있다는 것. 그래서 김동호 목사는 "잘될 때보다 안될 때, 부유할 때보다 가난할 때 신앙의 근육이 가장 선명해진다"라고 말한다. 김일환 목사는 그 말 위에 "그 근육이야말로 오늘의 신앙이 다음세대를 지탱할 유일한 자산"이라는 해석을 보태며 이 장을 마무리한다.

"

신앙은 가난을 극복할 수 있나요?

김일환 제가 이야기하면서 드는 생각은 높은뜻숭의교회가 참 복을 받았을 것 같아요. 목사님이 이런 얘기를 밤낮없이 하시니까 성도들이 좋은 신앙관을 가졌을 거잖아요.

개인적으로 저도 설교를 하는 사람으로서, 유명하신 분들의 설교를 많이 들어보려고 합니다. 그런데 한 가지 아쉬운 게, 설교가 거대 담론의 차원이 아니라 그냥 너무 먼 나라 이웃 나라 이야기를 하는 것 아닌가 싶을 때가 많아요.

또 어려운 지점들의 경계선이 있습니다. 설교가 이런 지점까지 만져줘야 하는 건가, 그래서 그 지점까지 가야 하는 건가 고민될 때가 있어요. 혹시 이 부분에선 어떻게 생각하세요?

김동호 설교는 뜬구름 잡는 얘기가 아니잖아요. 남들 보기에는 보이지 않는 세계를 얘기하지만, 그것이 결국은 보이는 내 삶에 영향을 끼치는 실제거든요. 근데 내 삶에 실제 영향을 끼치지 못하고 만지지 못한다면, 그건 뜬구름이에요.

사람들은 그런 신기루에 홀려요. 그렇게 되면 교인들의 삶에 도움을 줄 수 없잖아요. 쉽게 말하면 구원, 하나님나라, 단순화시키면 잘 사는 것인데 부자 되는 것보다 잘 살고 행복하게 해줘야죠. 그리고 근사하게 살게 해줘야죠. 그런데 삶에 대한 구체적인 얘기 없이 할 수 있나요?

김일환 그럼 설교는 조금 더 구체적이어야 하고 생활을 만져야 한다는 말씀이시네요.

김동호 그렇죠. 당연하죠. 칼 바르트(Karl Barth)가 그 얘기를 했어요. "한 손에는 성경을 한 손에는 신문을"이라고요. 신문을 빼놓으면 딴 얘기가 되는 겁니다.

김일환 목사님, 지금까지 많은 얘기를 해주셨는데, 그럼 이번엔 반대편에서 부를 쌓는 부분에서 신앙과 실력은 어떻게 키울 수 있는 걸까요?
결국에는 우리가 신앙을 가지고 이 세상을 살아가는 거고 또 이 세상을 도전하는 거잖아요. 그리스도인들이 자신의 앞길을 걸어갈 때 실력을 쌓는다는 표현을 사용한다면, 우리가 가장 추구해야 할 구체적인 태도들에 대해 얘기해주실 수 있을까요?

김동호 제가 아까 코스타 집회 때문에 붙은 딱지가 고지론자, 청부론자, 그리고 부함과 출세 같은 것들을 추구하는 엘리트주의 등이었는데, 저는 그게 아니었어요. 고지를 정복하면 전투에서 세 배에서 다섯 배는 유리해요. 그래서 전투하려면 고지를 정복해야 한다고요.
세상 사람들은 다 자기 전쟁에서 이기려고 고지를 정복

해요. 그래서 공부하고 돈 벌고 출세하려고 올라가는 거죠. 오직 자기의 승리를 위해서 그래요. 그런데 우리는 하나님나라의 승리를 위해서 싸우는 사람들이잖아요. 그러니까 고지를 정복하면 유리하다고 이야기한 거죠.

또 다른 일화로는 프랑스에 가서 설교한 코스타 주제가 "거룩의 능력"인가 그랬을 거예요. 그때 예화로 들었던 이야기가 실제로 우리나라에서 있었던 일이에요.
어떤 전직 고위 공무원의 이야기인데, 그분이 크리스천이었어요. 지금도 그런지 모르지만, 그때만 해도 회사 사장님들이 일을 하려면 공무원들한테 뒷돈 줘야 할 때인데, 어느 사장이 그 분께 돈을 갖다줬어요. 그랬더니 이분이 이렇게 얘기했다는 거예요.
"충분히 이해합니다. 저라도 그랬을 겁니다."
그 돈 준 사람을 함부로 비난하지 않고 "저라도 그랬을 겁니다"라고 하면서, "그런데 사장님, 저 예수 믿는 사람입니다. 저 이것 못 받습니다. 사장님이 돈 안 주셔도 이 일은 진행되는 일입니다. 그리고 되어야 하는 일입니다. 돈 안 주셔도 잘될 테니까 걱정하지 마십시오"라고 했거든요. 이게 얼마나 근사한 거예요.

꼭 고위직에 있어야만 하나님의 일이 이루어지는 건 아니에요. 그렇지는 않지만, 고위직에 있는 사람이 되면 세상이 한결 좋아져요. 제가 그렇게 말했어요. 밤낮 뇌물 주는 자리에만 있으면 세상이 바뀌겠냐고요. 뇌물 받는 자리에 우리가 들어가서 겸손하게 섬긴다면, 그거 안 받아도 일이 되는 것 아니냐고요. 그 자리에서 뇌물을 안 받는 것도 실력이지만 뇌물 받는 자리에 가는 것도 또 필요한 실력이고, 그게 제가 생각하는 실력을 쌓는 거예요.

이런 일도 있었어요. 영락교회에 있을 때 고등학교 3학년 아이 하나가 있었는데, 그 형은 서울대 간 아이예요. 그 친구가 형 때문에 스트레스가 많았다고 제가 알고 있었죠. 어느 날은 저한테 와서 "목사님!" 하기에 "왜?" 그랬더니 "공부가 인생의 전부입니까?"라고 물어요. 그래서 "아니지"라고 했어요. 그랬더니 "그럼 안 해도 되겠네요?"라고 하더라고요.

제가 장난기가 발동해서 불렀어요. "너 공부 못하지?" 그랬더니 당황했죠. 그러면서 "예"라고 대답하기에 "난 공부 잘하는 놈 치고 그런 거 따지고 물어보러 다니는 거 본 적이 없다"라고 했죠. 그렇게 말하고 보니까 좀 미안하잖아요. 애 망신 준 것 같아서요.

그래서 "근데 하나만 더 물어보자. 네가 지금 공부 못하고 있는 건 사실인데, 핑계냐 신념이냐? 공부가 인생의 전부가 아니라는 신념 때문에 공부 안 하는 거냐? 게을러서 못 해놓고 핑계하는 거냐?"라고 물어봤습니다. 가만히 있더니 "핑계입니다" 하더라고요. "그러면 이 자식아 핑계지. 너 공부 잘하면 쓸 데가 많아"라고 하면서 "오천 명을 먹이는 사람, 공부해서 남 주는 사람이 돼라"라는 얘기를 했어요.

실력을 열심히 쌓아서 그걸 하나님께 드리면 되잖아요. 제가 그때도 그런 얘기를 했는데, 하나님은 상한 갈대를 꺾지 않으시고 꺼져가는 등불을 끄지 않으시는 분이시라고요. 그건 맞는데, 사람들이 오해하는 게 있어요. 하나님은 상한 갈대를 좋아하시는 줄 알아요. 활활 타는 횃불은 싫어하시는 줄 안다고요. 이게 착각이에요. 하나님은 상한 갈대를 꺾지 않으셔요. 그렇지만 상한 갈대 그대로 있는 걸 원치 않으셔요.

그분은 우리가 꺾이지 않는 백합이 되기를 원하시죠. 그러니까 교회 이름 지을 때 '상한 갈대 교회'라고 안 해요. '백합화 교회'죠. '꺼져가는 등불 교회'라고 안 짓죠. '횃불 교회'라고 해요. 이솝 우화에서도 얘기하잖아요. "저 포도가 시다"라고요. 자기가 힘없고 게을러서 안 따고 못따는 건 감춰놓고 시어서 안 따는 거라고. 그런 비겁한 합리화가 정말 많아요.

그런 태도가 저는 실력을 쌓는 일에도 마찬가지라고 생각해요. 실력 없을 수도 있어요. 공부 못할 수도 있지만 정직하게 "아, 제가 좀 게을렀어요" 그렇게 돼야 하는데, 열심히 일한 사람들 끌어내리고 함부로 도둑놈 만들고 자기를 합리화하며 청빈하고 거룩한 사람인 것처럼 굴면 세상이 얼마나 나빠지겠어요.

그래서 청부론도 마찬가지고 고지론도 마찬가지인데 "실력을 쌓자"는 거예요. 예수 믿는 사람들이 가난에 처할 줄 아는 건 좋지만 부유함에 처할 줄 아는 것 먼저 배우면 좋겠어요. 그러면 세상이 좋아지잖아요. 그래야 돈이 흘러가지 않겠어요?

잠깐 얘기했지만, 저는 무소유가 싫거든요. 무소유론자들만 있으면 흐름이 없어요. 소유가 없는데 흘려보낼 게 어디 있어요? 자기한테로 흘러 들어와야죠. 열심히 벌어서 손이 수고한 대로 먹고 또 남은 것이 있으면 궁핍한 자에게 나눠줄 줄 알고 흘려보낼 줄 아는 게 크리스천의 삶이에요.

젊은 날 나는 무엇을 준비해야 할까요?

김일환 특별히 젊은 친구들에게 자신이 걸어가는 분야에서 실력을 준비하되 또 다른 관점에서 준비해야 할 영역이 있다면, 어떤 것이 있을까요?

김동호 글쎄요, 충성과 실력을 쌓을 때 성경을 읽으면서 주목하는 게 있습니다. 예수님이 충성을 칭찬하실 때 "네가 작은 일에 충성하였으매"(마 25:23, 개역한글)라고 말씀하시더라고요.

왜 '작은 일에 충성한다'는 말을 그렇게 도드라지게 쓰셨을까 생각해보는데, 작은 일에 충성하는 게 어려워요. 큰일에 충성하는 것보다 작은 일에 충성하는 게 더 어렵습니다. 하찮아 보이는 일, 작은 일, 소소한 일 이런 것들 말이에요. 그런데 그걸 대충 해놓으면 큰일에 충성할 기회가 없습니다.

실력을 쌓는다고 할 때 큰일 하려고 생각하지 말고, 한 사람만 먹여줄 수 있어도 실력이잖아요. 그러다가 그게 쌓여서 오천 명을 먹이면 좋은 거죠. 꼭 오천 명을 먹여야만 고지를 정복한 건가요? 아니에요. 한 사람만 먹일 수 있어도 그 고지를 정복한 거예요. 그렇게 하루하루를 쌓아가면서 하다 보면 어느새 자신도 알지 못하게 실력도 이자가 붙어서 복리로 불어납니다. 근데 처음부터 큰 것만 욕심을 내니까 안 되는 거예요.

김일환 어떻게 보면 아까 가난한 사람들의 특징에서 느꼈던 것이 '대충'이고, 그다음에 그것과 상반된 개념으로 '작은 것에 충성하는 것'이군요.

김동호 그렇죠. 그러니까 가난한 사람들이 적은 돈을 함부로 쓰는 반면, 부자들은 오히려 돈을 함부로 안 써요.

그들의 공통점은 뭘까요?

김일환 맞습니다. 제가 보면서 느꼈던 건 장로님들 중에서 돈이 있으신 분들이 훨씬 더 부지런하시고, 훨씬 더 성실하시더라고요. 드라마에서 많이 보던 것처럼, 돈이 많다고 거만하고 교만하고 그럴 줄 알았는데, 당대에 부를 이루신 분들은 대개 훨씬 더 겸손하고 부지런하시거든요. 새벽 예배도 절대 안 빠지시고요. 우리 안에 이런 태도를 모델링하는 게 참 필요한 것 같습니다.

지금까지는 가난한 사람들의 특징을 얘기했잖아요. 반

대편으로 한번 얘기해보면 좋을 것 같아요. 목사님께서 경험해보신 성도들을 보면 부자들의 공통된 특징도 있었을까요?

김동호 긍정적으로 얘기하면 아까 얘기한 것처럼 성실함, 섬세함이 있어요. 대충 안 합니다. 꼼꼼히 생각하고, 계획하고, 그리고 용기 있게 도전하고, 그다음에 돈을 아끼고요. 그런 것들이 부자의 특징일 수 있습니다.

김일환 목사님이 목회하시면서 교회 공동체에서 가장 부자였던 분을 말씀해줄 수 있나요?

김동호 미안하지만, 그쪽에 관심을 안 두려고 했어요. 교인은 교인으로 봐야죠.
높은뜻숭의교회를 개척했을 때 일인데 교인이 많이 왔던 교회잖아요. 학교 마당에 차들이 올라온다고요. 근데 교회를 개척해보면 알지만, 성도들이 교회 오는 게 그렇게 기뻐요. 그러니깐 교인이 오는 게 좋아서 예배 시간 전에 현관에 서서 올라오는 교인들을 쳐다보고 있는 거예요. 예배드리겠다고 차가 쭉 올라오는 게 목회자한테 얼마나 감사한 일이에요.
근데 어느 날 보니까 외제차가 올라오더라고요. '우리 교

회에도 저런 고급 차 타고 다니는 사람이 있구나' 생각이
들면서 누군지 궁금하더라고요. 그래서 제가 은근히 기
다렸어요. 차 문 열고 내릴 때까지, 누군지 보려고요. 그
런데 그러다 그냥 들어갔어요. 창피해서요. 제가 저한테
창피하더라고요.

'알면 어떡하려고? 알면 뭐가 달라져?'

연봉 조금 높은 사람, 외제차 타는 사람이 누군지 알면
제 태도가 달라질 수 있겠더라고요. 그러면 목사로서 얼
마나 창피한 일이에요? 외제차 타고 오는 사람이나 지하
철 타고 오는 사람이나 제 눈에는 같이 보여야죠.

우리 교회에도 부자 많았습니다. 초창기 개척할 때는 그
분들이 저한테 돈을 많이 주셨어요. 쓸 데가 많으니까
요. 그럼 제가 받을까요? 안 받을까요? 받았어요. 왜 안
받아요? 쓸 데가 얼마나 많은데요.

그런데 뭐가 다른가 하면, 다 그런 건 아닌데 부자들이
목사들에게 큰돈을 갖다줄 때는 무의식적으로 자기에게
고마워해야 하고 자기는 특별한 사람이라고 생각하는
게 있어요.

그런데 저는 그렇게 안 하거든요. 많이 갖다주면 "잘 쓰
겠습니다" 하고 쓰는 거죠. 그렇다고 특별 대우를 하지
않거든요. 그러면 그 분들 중에 일부는 다음엔 안 가져

와요. 돈 들인 보람이 없잖아요. 그래도 상관없어요.

김일환 제가 우회적으로 듣기로는 어떤 목사님은 VIP 그룹을 따로 관리하신다더라고요.

김동호 그건 장사죠. 제 생각에는 목회가 아니고요. 제가 숭의교회를 개척했을 때 숭의학교를 빌려서 했잖아요. 그 이사장이 큰 부자거든요. 영락교회 교인이셨고 저를 알고 계셔서 학교에서 교회 하도록 허락해주셨는데, 제가 영락교회 사임하고 거기서 교회를 한다고 하니까 이상한 소문이 돌았어요. 제가 큰 물주를 잡았다고, 그 이사장에게 100억을 받았다는 그런 소리가 들리더라고요.

그래서 제가 게시판에다 글을 썼습니다. 제목을 "큰 물주와 조물주"라고요. 글은 "제가 큰 물주 잡았다는 소문이 있습니다. 100억, 그보다 훨씬 더 보장받았다고 하는데, 제가 잡은 물주는 큰 물주가 아니라 조물주입니다"라고 썼죠.
근데 저는 부자들이 돈 가져오면 받았어요. 천억도 받아봤어요. 그 돈 주신 분은 누군지도 모르는 사람이에요. 사회적으로는 다 아는 사람인데 개인적으로 친분이 없던 사람이에요.

김일환 그런데 목사님의 사역을 후원하셨어요?

김동호 유산을 주셨어요. 근데 그것도 다 못 쓰니까 나중에 돌려줬죠.

그래서 그런 것에 빠져들지 않으려고 했어요. 돈 있으면 쓰면 되지, "저 사람이 돈이 많으니까 저 사람하고 친하게 지내면 내가 목회하는 데 도움이 되겠다"라고 하는 순간 저는 그 사람의 종이 돼요. 하나님보다 더 좋아하고 신뢰하는 것이 있으면 그것의 종이 되는 게 성경의 가르침이에요.

그리고 그게 출애굽기거든요. 이스라엘 백성들이 애굽 땅을 가나안 땅보다 더 좋아했어요. 흉년이 끝난 후에도 안 돌아갔잖아요. 하나님보다 애굽 땅을 더 좋아하니까 애굽 땅의 종이 됐잖아요. 그게 성경의 원리예요. 그래도 제가 목사이고 좀 더 믿고 사는 사람인데, 그렇게 되면 안 되죠.

그래서 자유로워요. 우리 교회에도 부자 있었겠죠. 하지만 관심 없어요.

김일환 제가 하려는 질문에 답을 다 하신 것 같은데요.

김동호 그래요. 만일 제가 부자 쫓아다녔으면 지금 제 삶이 별로 안 좋았을 거예요.

김일환 사실 제가 진짜로 여쭤보고 싶었던 건 이런 것이었습니다. 교회 안에는 분명 큰 부자 성도들도 계셨을 테고, 그분들이 목사님께 후원하기도 했을 텐데, 그렇다면 목사님께서는 그 재정을 어떻게 사용하셨는지, 또 그렇게 재정을 사용하시다 보면 오히려 그 관계나 지원에 제약을 받게 되지는 않으셨는지 궁금했습니다. 그런데 말씀을 듣다 보니, 이미 그 질문에 대한 답을 자연스럽게 알게 된 것 같습니다.

김동호 부자들이 돈을 가져올 때 '저분의 돈을 잘 써야겠다'라고 생각하죠. 그리고 반대로 '저 사람의 돈을 잘 써줘서 저 사람을 행복하게 해줘야겠다'라고도 생각해요.
그러니까 쉽게 말하면 "내가 당신 눈을 보겠냐? 당신이 내 눈을 봐야지"라는 거예요. 목사로서 돈은 그 사람보다 없지만 돈보다 더 큰 게 저한테 있잖아요. 그걸 가르쳐드려야죠. 그러니까 받을 건 받지만 제 것을 저 사람한테 주고 싶어요. 제가 더 큰 걸 가졌는데, 그 돈 때문에 굽신거리고 그러겠어요?

그리고 목회하는 데 저도 돈을 많이 썼어요. 다행이죠. 그러니까 이렇게 큰소리치는지도 몰라요. 그렇다고 돈 없으면 목회 못 하나요? 목회를 돈으로만 하는 건 아니잖아요. 그래서 저는 돈이 많았기 때문에 놓친 게 있어요.

김일환 어떤 건가요?

김동호 사람을 가까이할 시간이 없었습니다. 돈 쓰러 다니느라 일이 많았기 때문에 교인들 하나하나 가서 만나고 가난한 사람 붙잡아주고 같이 울어주지 못 했잖아요. 가령 돈 없으면 일도 안 했을 거 아니에요? 그러면 다른 것으로 하나님 일 하면 되는 거죠. 돈 없이 하는 일을 하면 되는 거죠.

나의 당대에 부자가 될 수 있을까?

김일환 한번 이런 얘기도 해보고 싶어요. 젊은 시절 청부론을 위해 연습하고 노력했지만 실패했는데, 그 후로 하나님께서 다시 잘 되게 하시는 은혜들이 있었다고 말씀하셨죠. 그런데 가장 어려운 게 이런 것 같아요. 과연 그런 시기를 견뎌낼 수 있을까 하는 것 말이에요. 나는 청부론에 대한 용기가 없고, 끝까지 갈 만한 집요함과 실력도 없는

데, 실패할 수 있다는 전제가 있는 것 자체가 두려움이잖
아요.

만약 그런 마음을 갖고 있다면 믿음으로 극복하기가 상
당히 어려울 텐데요. '내가 실패할 수 있음에도 불구하고
도전한다', '배운 대로 하면 실패할 가능성이 있음에도 불
구하고 간다' 이런 믿음 말이에요.

이걸 현실적으로 받아들이기가 너무 어려운데, 이런 부분
에서 목사님께서 해주실 말씀이 있을까요?

김동호 신앙이라는 게 바로 그거잖아요. "죽으면 죽으리이다"잖
아요. 그 한고비를 넘었을 때 승리가 있는 거예요. 사드
락, 메삭, 아벳느고가 하나님이 능히 건져내시겠지만 그
렇게 하지 아니하실지라도 하나님을 섬기겠다고, 망할
각오를 한 거잖아요.

김일환 근데 진짜 망하면요?

김동호 진짜 망하죠. 정말 순교한 사람도 있잖아요. 그런데 죽
어서 망한 줄 알았더니 눈 떠 보니까 하늘나라에 가 있
어요. 그러면 그게 망한 건가요?

저는 암 환자이기 때문에 죽음을 늘 생각하는 사람이잖
아요. 실제로 죽음을 봤었고요. 그 죽음의 과정이 좀 불

편하고 신경이 쓰였지만, 죽음은 하나도 무섭지 않았습니다.

김일환 지금도 죽음이 무섭지 않으세요?

김동호 네, 죽는 게 무섭지 않아요. 이만큼 살았는데, 왜 무섭겠어요? 오히려 안 죽을까 봐 걱정이죠. 아내가 저한테 너무 약을 잘 챙겨줘서, 아침마다 제가 그래요. "야, 이러다 안 죽으면 큰일이다." 그런데 죽으면 되는 거잖아요. 신앙이라는 건 결국 죽음을 통과하는 거니까요. 죽음이 두렵지 않으니, 거기서 용기가 생기는 겁니다.

예전에 박찬호 선수가 메이저리그에서 승리 투수가 됐어요. 그땐 우리가 상상도 못 하던 일이었죠. 한국 사람이 메이저리그에서 15승을 거둔다니요. 당시에는 시차 때문에 새벽에 생중계를 보지 못했는데, 우리 아들이 그 경기를 비디오테이프로 녹화해줬어요. "아빠, 박찬호 이겼어. 이거 꼭 보세요."

그런데 막상 보니까 박찬호 선수 컨디션이 아주 나빴어요. 컨트롤도 흔들리고, 3회에는 만루 위기, 5회에는 홈런까지 맞았어요. 해설자들도 연신 부정적인 말을 쏟아내더라고요. "오늘은 안 되겠네요. 경기 어렵겠습니다"라고요.

구원받았다는 것은
결국 인생의 마지막에
승리를 얻는다는 뜻이잖아요.
끝에 승리가 보장되어 있는데,
중간에 홈런 좀 맞으면 어때요?
만루 위기 좀 오면 어때요?
오히려 일방적으로 쉽게 이기는 것보다,
그런 고비들이 있기에
삶이 더 깊고, 더 재미있지 않을까요?

그 말을 듣고선 저는 속으로는 픽픽 웃었죠. '안 되긴 뭐가 안 돼? 이겼는데.' 결과를 알고 보니까, 홈런을 맞아도, 위기를 겪어도 전혀 불안하지 않은 거예요. 9회 말에 승리를 거두는 걸 이미 알고 있으니까요. 오히려 그게 더 재밌죠.

이것이 구원의 모습과 닮았다고 생각해요. 구원받았다는 것은 결국 인생의 마지막에 승리를 얻는다는 뜻이잖아요. 끝에 승리가 보장되어 있는데, 중간에 홈런 좀 맞으면 어때요? 만루 위기 좀 오면 어때요? 오히려 일방적으로 쉽게 이기는 것보다, 그런 고비들이 있기에 삶이 더 깊고, 더 재미있지 않을까요?

김일환 그럼 목사님은 진짜 망하더라도 괜찮다는 거네요.

김동호 망할 용기가 있어야 해요. 저는 유도를 좀 했어요. 그럼 뭐부터 배우는지 알아요? 넘어지는 법부터 배워요. 낙법을 제대로 하지 않으면 다치고 죽거든요.

뭐든지 인생은 낙법을 배워야 해요. 그리고 그걸 배운다는 것은 언제든지 내가 떨어지고 넘어질 수 있다는 걸 전제하는 거죠. 넘어지는 게 무서우면 유도 못 합니다.

김일환 목사님, 저도 유도 선수였기에 배운 적이 있습니다. 학원에서 배울 때는 낙법을 1~2개월 배워요. 선수촌에 들어가면 낙법을 1년 배워요. 낙법이 그냥 떨어지는 기술뿐만 아니라 힘을 반작용하는 기술이에요. 유도가 사실 힘으로 하는 게 아니라 반작용을 이용하는 운동이잖아요.

김동호 그렇죠. 넘어지는 힘으로 일어서는 거죠.

김일환 맞습니다. 기독교의 힘이 바로 그런 것 같아요. 일곱 번 넘어져도 여덟 번 일어나는 건데, 이 복음에 대해서는 우리가 많이 얘기하지 못하는 것 같아요.

제가 사람들에게 몇 가지 질문을 받아보았는데요. 많은 젊은 사람들이 사업에 도전합니다. 작은 사업이든 큰 사업이든요. 그리고 사업을 하나님 뜻대로 하는 게 어렵다고 얘기해요.

특히 주일에 예배를 성수해야 하기 때문에 가게 영업을 해야 하나 말아야 하나 고민하면서, 가게를 못 하겠다고 얘기하기도 하고요.

김동호 왜 못해요? 할 수 있죠. 주일날에도 장사해야 하는 일이 있어요. 예를 들어, 교회 잘 다니는 장로님이고 안수 집사님이면 신앙이 있는 분이잖아요? 근데 그 분들이 버스 기사예요. 그러면 주일날 운행해야 해요? 안 해야 해요?

그건 해야 한다고 생각하거든요. 문제없죠. 주일 성수는 못 하지만 그 분 버스를 타고 교회 가는 사람이 있을 수 있잖아요. 그 누군가를 교회로 데려다주기 위해서는 누군가 버스 운전을 해야 해요.

그거 아세요? 이랜드가 처음에 설악산에 켄싱턴 호텔을 열 때 실제로 뭘 고민했는지 알아요? 주일날 어떻게 해야 하냐는 거예요. 아니, 주일날 문 닫는 호텔이 어디 있어요? 그럼 호텔을 하지 말아야죠.
그런데 기독교 신앙을 가지고 잘하고 싶었던 거예요. 만일 그럴 때 제 아들이 거기 직원이라면 가서 근무하라고 할 거예요. 그리고 따로 시간 내서 하나님 앞에 예배드리라고요. 주일 성수가 정말 중요한 신앙의 태도지만, 그런 면에서는 조금 자유로워도 된다고 생각해요.

하지만 주일날 꼭 장사하지 않아도 되는데, 그날 돈이 많이 벌리기 때문에 고민이라면 포기하라고 합니다. 주일날 예배드리는 것이 나를 위해서는 훨씬 좋으니까 하지 말라고요. 그런데 다른 사람을 돕고 섬기는 소명 때문이라면 얼마든지 그럴 수 있다고 생각하죠.

김일환 공공기관이나 사람들이 필요로 하는 일에 근무해야 한다면 주일에 일해도 된다는 거죠?

김동호 그렇죠. 저는 주일이라도 충분히 일할 수 있다고 생각하는데, 주일에 장사가 더 잘 되는 경우들이 있거든요. 그럴 때는 과감하게 문 닫는 용기를 가지라고 해요. 그리고 그만큼 수입이 줄어드는 것 때문이라면 아까 얘기한 것처럼 소비를 줄여서 때우라고요. 절제하고 규모를 짜서 생활하면 얼마든지 커버할 수 있거든요.

김일환 예전에 새벽 기도했던 교회에서 들었던 얘기인데, 교회 옆에 슈퍼마켓이 있었어요. 실제로 그 슈퍼마켓은 교회 옆으로 오면 보장된 매출이 생기기 때문에 그걸 보고 들어온 거죠. 선데이 크리스천이지만 교인들과 관계를 맺으려고 들어온 것도 있고요.
그 교회 목사님이 어느 날 설교하시는데 이런 설교를 하시더래요. 주일날 우리가 그 슈퍼마켓에 가서 사 먹기 때문에 장사가 잘돼서 슈퍼 사장님이 예배에 못 나오는 거라고요. 사업하는 사람은 그 말에 너무 상처받는 거죠.
한 2천 명 되는 교회였는데 그 설교하자마자 성도들이 슈퍼마켓에서 진짜 안 사는 거예요. 그래서 슈퍼 주인이 사정이 어렵다고 얘기하더라고요.
그러면서 이 주인이 비판하는 게 교회는 주일날 1층에서 카페 하면서 왜 주일 장사에 대해서는 뭐라고 하냐고요. 교회를 바라보고 온 빵집도 있고, 우리 같은 슈퍼도 있고, 김밥집도 있다면서요. 이런 것에 대해서는 어떻게 생각하세요?

김동호 조금 율법적이지 않나요? 무슨 생각이 드는가 하면 예수님 제자들이 안식일에 밀밭을 지나가다가 이삭을 잘라서 비벼 먹은 거 가지고 바리새인들이 시비 걸었던 느낌이 좀 들어요.

타협하라는 쪽으로 가라는 얘기가 아니에요. 너무 율법적으로 접근하는 게 아닌가 싶습니다. 높은뜻숭의교회 할 때는 주일날 주변 상권이 살았어요. 그게 좋은 거잖아요.

그리고 농촌 봉사하러 갔을 때는 밥 안 해 먹었어요. 다 사 먹었어요. 그래야 그 동네 사람들하고 가까워지고, 하나라도 그 동네를 살리고 오게 되잖아요.

장사가 되는 것 때문에 예배를 못 나온다는 것은 조금 지나친 해석이 아닌가 싶어요.

그러나 원칙적으로 주일날 문 닫고 예배드리는 게 주일날 장사해서 돈 많이 버는 것보다 훨씬 더 좋다고 생각해요. 교회 생활 잘 하는 게 훨씬 더 인생에 좋아요.

성경은 가난을 어떻게 극복할 수 있다고 말하는가?

김일환 제가 성경을 깊게 보면서 가난과 부에 대해서 느꼈던 게, 성경은 가난한 자들을 위한 변론서가 아니라는 거예요. 오히려 가난한 사람들을 위로만 하는 게 아니라 그들의 삶이 얼마든지 극복될 수 있다고 말해요. 또 부자들에겐 부를 어떻게 썼는지에 대한 책망이 있죠.

성경의 관심은 부자와 가난 상태에 있는 게 아니라 가난을 어떻게 사용했는지, 부를 어떻게 사용했는지에 있는 거죠.

목사님, 젊은 친구들이 꼭 하지 말았으면 하는 돈의 쓰임이 있다면, 어떤 것들이 있을까요?

김동호 있죠. 나쁜 데는 쓰지 말라고 얘기해주고 싶어요. 즉, '쾌락'을 위해서 쓰지 말아라. 그건 돈이 독이 되는 거니까요. 돈 때문에 망가지는 인생이 많잖아요. 그리고 '타락하기 쉬운 곳'에 쓰지 말아라. 돈을 잘못 쓰다 돈과 함께 타락하게 되거든요. 그리고 '허세 부리는 데'는 쓰지 말아라. 돈으로 허세 부리는 건 비참해지는 거예요.

92년도에 미국에서 목회하는 선배 목사님이 왔어요. 그때 우리나라 국민 소득이 1만 불 정도 됐을까요? 그 정도인데 호텔에서 텔레비전을 보니 한국 아이들이 10만 원이 넘는 운동화를 신고 다닌다는 거예요. 당시 물가론 고가의 운동화였던 거죠.

그때는 미국에서도 백 불이면 큰돈인데, 소득이 만 불 정도 되는 나라에선 지나치다고 생각하니까 "야, 너희 애들도 그런 거 신고 다니냐?"라고 묻더라고요. 근데 저는 10만 원짜리 신발이 있는 줄도 몰랐죠. 그때 우리 아이들이 보통 1만 원짜리 신발 신을 때거든요.

그때가 우리나라 운동화가 고급화되기 시작한 때예요. 제가 생각하기에 그 무렵 3~4만 원짜리 운동화가 나오더라고요. 그런 운동화가 있는 건 알았지만 신어본 적은 없어요. 아이들도 안 사줬고요. 지금으로 얘기하면 한 50~60만 원이 된다든지 혹은 100만 원짜리인 거죠.

그래서 저도 궁금해서 "세상에 어떻게 10만 원짜리 운동화가 있냐?"라고 애들한테 물었어요. 그랬더니 아들이 "나이키가 10만 원이 넘는대요" 하더라고요. 그래서 제가 또 물었죠. "너희들 학교에도 그런 거 신고 다니는 놈 있냐?" 했더니 "우리만 빼놓고 다 신어요" 하는 거예요. 그래서 "근데 너희들은 왜 사달라고 하지 않았냐?" 그랬더니 "사달라고 해봤자 안 사줄 건데요"라고 하더라고요.

그날 아이들한테 편지를 썼어요. 고맙다고. 그런 신발 사달라고 하지 않아서 고맙다고. 그러면서 "너희들이 10만 원짜리 운동화를 신는 이유가 뭐냐? 자랑하려고 그런 거 아니냐? 근데 그건 비참한 거다. 왜 비참하냐? 내가 10만 원짜리가 안 된다는 소리다. 내가 10만 원짜리 가치가 있으면 나를 자랑해야지 신발을 자랑하겠냐? 자랑할 게 없으니까 신발을 자랑하는 거야"라고 예를 들어서 썼어요.

그리고 이렇게 덧붙였죠.

"너희들은 이다음에 신발 자랑하면서 사는 사람이 되지 말고 너의 사람됨을 자랑하며 사는 사람이 되거라."

김일환 허세 부리는 데 쓰지 말라는 거군요.

김동호 네. 허세 부리면 내가 비참해져요. 신발보다 못한 인생이 되는 거니까요. 물론 필요하면 10만 원짜리를 신을 수도 있죠. 그런데 그걸 가지고 "난 10만 원짜리 신발을 신는 사람이야"라고 하면서 돈을 쓰는 건 비참한 일이죠.

그리고 진짜 멋은 1만 원짜리를 신어도 부끄러워하지 않는 것, 아무렇지도 않은 것, 또 10만 원짜리 신은 사람

보고 뭐라 하지 않는 거예요. 그건 그 사람의 일이죠. 근데 본인은 1만 원짜리 신으니까 "너는 왜 10만 원짜리 사느냐?"라고 시비 걸고 공격하는 것도 비참하다고 생각해요. 저는 자존심 상해서 그러고 싶지 않았습니다.

부자가 10만 원짜리 사면 "너 좋겠다. 야, 근사한데" 하고 손뼉 쳐줄 알고, 상대방이 "네 것은 얼마야?" 하면 "어? 나 만 원 주고 샀어"라고 아무렇지도 않은 거예요.

허세 부리려고 1만 원밖에 없는데 10만 원짜리 사서 9만 원 빚지게 되면 그다음에 가난해지고 불황에 빠지잖아요. 그러니까 "허세 부리는 데는 쓰지 말아라. 그리고 돈을 규모 있게 계획하면서 써라. 그래서 쓸 때 써라. 가치 있는 데 써라"라고 말하고 싶은 거죠.

돈을 잘 쓰는 사람은 100원을 1,000원처럼 쓰고, 돈을 못 쓰는 사람들은 1,000원을 100원처럼 써요.

김일환 너무 멋진 말이네요.

김동호 저도 1,200원짜리 마을버스 타는 건 돈 아까워하면서도 몇천만 원짜리 누구 집 사주는 일은 어렵지 않고 기쁘거든요. 그건 가치 있는 일이니까요. 제 돈이 가치 있는 데 쓰이는 게 재밌잖아요.

김일환 그런 관점에서 다시 교회론이 정말 중요한 것 같아요. 교회가 한 성도에게 어떤 가치를 보여주느냐? 그리고 어떤 삶을 보여주느냐에 따라서 그 사람의 돈에 대한 가치와 삶에 대한 질이 정해지는 것 같아요.

그래서 우리가 어느 교회에 다니는지가 얼마나 중요한지, 어느 교회에서 '신앙을 배우는지가 참 중요하구나' 라는 생각이 듭니다. 오히려 돈을 이야기하는데 교회론으로 정리되네요.

김동호 잘못하면 '저 잘났다' 하는 소리를 자꾸 하게 돼서 조심스러운데, 우리 교회는 작은 교회가 아니었잖아요. 엄청나게 큰 교회였어요. 땅 사서 예배당 지을 돈도 충분히 있었거든요. 실력도 있고요. 그런데 안 했단 말이에요. 그리고 '보이지 않는 성전 건축 프로젝트'를 진행하는데, 예배당으로 사용하고 있던 학교에서 나가달라는 공문을 받았어요. 그 때문에 교회가 넷으로 분립하고 나뉘어 예배드리고 그랬어요.

다른 교회는 그나마 학교도 빌리고 해서 다 정착했어요. 그런데 한 교회가 분립하는 날까지도 자리가 없었어요. 그래서 사방을 돌아다녔어요. 여기서 잠깐 있다가 또 쫓겨나서 또 다른 곳에서 예배드리고요. 마지막에는 제 기억에 다음 주일날 어디서 예배를 드려야 하는지가 결정

안 된 적도 있었어요.

그럼 성도들이 흩어져요. 그러면 또 목회자들이 열심히 예배드릴 장소를 찾았습니다. 그때 찾은 곳이 남부터미널 쪽에 어느 학교였어요. 그때는 카톡도 없었으니까, 어떻게든 교인들한테 문자를 보내고 연락을 해요.

"어느 학교에서 예배드리니까 오세요."

그러면 그 연락 보고 또 다 와요. 가면 강당이라 시설이 열악해서 난방이 잘 안 되잖아요. 그해 겨울이 워낙 추웠어요. 그럼 교인들이 다 담요 들고 오는 거예요. 그런데 사람들이 그걸 즐기는 거예요. 돈이 없어서 불편하고 속상하다고 했으면 서글펐을 거예요.

감사하게도 교회 재정은 많아서 남 돕는데 다 주고 재단 만드는 데 썼는데, 우리는 예배당 빌릴 장소가 없어서 여기저기 방황하고 강당을 얻어서는 담요 뒤집어쓰고 예배드리고 있어요. 그러면 교인들이 줄어들 줄 알았거든요. 그런데 무슨 게임 하는 것처럼 재밌어하는 거예요. 정말 감사하죠. 그런데 교인들이 그런 상황들을 통해 배우고 성장해요.

김일환 그런 점이 너무 멋있습니다. 목사님, 저희 교회도 그러고 싶어요. 교회의 귀한 에너지를 교회의 생존에 쓰지 않고 열심히 벌어서 다 나누고 우리가 가진 에너지를 세상에서 유효한 교회가 되기 위해서 사용하는 것들이요. 그래서 교회라는 가치가 너무 중요한 것 같아요.

김동호 우리 교회에 청년들이 많았었는데 나가 예배드릴 데가 없었거든요. 그때 제가 앉아서 "우리 길바닥에서 예배드리자. 길바닥에!" 그랬어요. 그러면서 교회 이름 바꿀 거라고 "높은뜻광야교회!"라고 하자고 했죠. 그랬더니 청년들이 손뼉 치고 소리 지르면서 눈물 흘리며 환호했어요. 근데 그런 것들이 멋있잖아요.

그때 우리 아들이 뉴욕에서 공부할 때인데 정말 길바닥에서 예배드리면 교회가 근사해질 거라고 그러더라고요. 그런 게 통하는 거죠. 알게 모르게 아이들에게나 교인들에게 "예수 믿는 사람이 이렇게 사는 거구나. 이렇게 사는 게 불쌍하고 처량한 게 아닌 거구나. 이게 더 근사한 거구나" 하는 가치관을 세워주는 거예요. 그걸 안 보여주면 그냥 세속적인 가치관에 사로잡혀 살죠.

그게 쉽게 말하면 가난한 데도 멋있을 수 있는 거잖아요. 예배드릴 데가 없어서 길바닥에서 예배드리는데 "아이고 내 팔자야" 하면서 하나님 원망하고 그런 것보다 쫓겨나기도 하고, 재밌잖아요.

돈이 나를 잘 살게 할 거라는 생각을
버리라는 겁니다.
돈은 나를 잘 살게 못 해요.
믿음이 나를 잘 살게 해요.
돈은 내가 잘 써야 하는 것이지,
돈이 나를 어떻게 잘 살게 해요?

김일환 그런데 제가 알기로는 지금은 높은뜻교회에 건물이 있는 교회도 있지 않나요?

김동호 있습니다. 건물을 세운 교회는 학교를 지었기 때문에 학교가 있는 거지, 교회 건물을 세우지는 않았고요.

김일환 다 빌린 건물이군요.

김동호 네. 오로지 교회로만 사용하려고 세운 자기 건물은 없어요. 신기한 것은 다른 교회 장로님이셨는데 사업에 크게 성공하신 분 같아요. 본인이 몇십 주년 기념으로 예배당을 지었는데 그 교회를 높은뜻교회로 해달라고 해서, 안성에 자기 교회가 있어요.

그리고 또 높은뜻하늘교회는요, 제게 거액을 주셨다는 분이 큰 제약회사 회장님인데, 우리가 쫓겨나서 갈 데가 없다는 걸 알고 본인 빌딩 중 건평 400평 되는 8층, 9층, 총 800평을 교회가 사용하라고 주시더라고요. 그렇게 해서 생긴 거예요.

아직은 우리가 돈 주고 지은 예배당은 없어요. 근데 꼭 지어야 한다는 생각은 안 해요. '짓게 되면 짓겠지' 생각하지만, 지금은 빌려 쓰는 거예요. 그러다 쫓겨나기도 하고 갈 데 없어서 난감하기도 하고 그렇죠.

그런데 은혜롭게도 한 번도 예배 장소 없어서 예배를 못 드린 주일은 없었습니다. 뭐, 아니면 길바닥에서 드리면 되죠. 그런 정도 되면 "높은 산이 거친 들이 초막이나 궁궐이나 내 주 예수 모신 곳이 그 어디나 하늘나라"예요. 궁전이 있으면 좋지만 '없어도 괜찮지 뭐' 생각하는 거고, 건물 짓는 데 매달리지 않는 거죠.

김일환 어떻게 보면 지금 목사님이 해주신 얘기는 신앙의 자신감이네요. 그리고 헛된 데, 허세 부리는 데는 돈을 쓰지 않고요.

김동호 돈이 나를 잘 살게 할 거라는 생각을 버리라는 겁니다. 돈은 나를 잘 살게 못 해요. 믿음이 나를 잘 살게 해요. 돈은 내가 잘 써야 하는 거지, 나를 어떻게 잘 살게 해요? 내가 돈을 잘 살게 하고 돈을 가치 있게 쓸 수 있게 합니다.

가난을 극복한 사람들을 보신 적이 있나요?

김일환 목사님 사역하시면서, 정말 아무것도 없던 사람이었는데 함께 몇십 년을 지내다 보니까 당대에 부자가 된 분을 직접 보신 적 있으신가요? 보통 '부'라는 건 한두 세대를 거쳐야 이루어진다고들 하잖아요. 그런데 그런 분을 실제로 목회 현장에서 만나보신 경험이 있으신지요?

김동호 당대 부자가 된 사람 꽤 많이 봤습니다. 물론 부모 잘 만나서 물려받은 사람도 있지만, 그런 사람들은 진짜 부자는 아니에요. 아버지가 부자지, 자기가 부자인가요?
근데 자기가 밑바닥부터 자수성가해서 크는 사람들 많아요. 낙타가 바늘구멍에 들어갈 만큼 어려워서 그렇지, 불가능한 건 아니거든요.

김일환 그런 부분에서 사람들은 회의적인 부분들이 많이 있는 것 같아요. 결국 "나는 부자가 못 돼. 난 부자가 될 수 없어"라고요.

김동호 쉽지 않아요. 대부분 못 하고 어쩌다 한 사람이 되는 거죠. 하지만 애초에 그렇게 될 수 없다고 생각하는 건 얼마나 바보 같은 짓입니까?
그게 로또 맞는 것만큼이나 어려울 테지만, 근데 로또 맞는 사람도 있잖아요. 로또 맞는 사람에게 "참 좋겠다" 할 수는 있지만, 그것 때문에 "아, 나는 왜 로또도 못 맞지" 그러고 인생 포기하는 사람은 없잖아요.

김일환 참 이렇게 낱낱이 파헤쳐 보니까 가난하다고 못 살 이유가 전혀 없네요.

김동호 저도 가난 싫어요. 근데 가난해 봤잖아요. 시대가 그런 시대였으니까요. 그때는 세탁기가 없었어요. 그런데 그게 하나도 불편하지 않았어요. 왜 그런지 알아요?

김일환 옷이 없어서요?

김동호 그렇죠. 옷이 없어요. 어릴 적을 떠올려보면, 저는 교복은 꼭 입었어요. 그리고 집에서는 여름이면 티셔츠 하나로 지냈고요. 추석 때 어쩌다 한 벌 얻어 입는 거죠. 바지도 대부분 한두 벌이면 충분했어요. 그러니 세탁기가 없어도 하나도 불편하지 않았어요.

그렇게 가난한 시대를 살았습니다. 용돈이요? 그런 개념 자체가 없었어요. 물론 불편했고 힘든 것도 있었지만, 이상하게 불행했다는 생각은 안 들어요. 교회가 너무 즐거웠거든요. 좋은 친구들과 어울리고, 교회 가서 예배드리고 교제 나누는 그 생활이요. 그건 돈 없어도 얼마든지 누릴 수 있는 기쁨이었어요.

생각해보면, 돈으로 할 수 있는 게 참 많아요. 그런데 돈으로는 절대 할 수 없는 것들도 참 많아요.

항암 하면 토하니까 아무것도 못 먹었다고 했잖아요. 근데 먹을 수 없다는 게 얼마나 고통스러운지 몰라요. '뭐는 좀 먹을 수 있을까? 아, 저거 하면 좀 먹을 수 있을 것 같다.' 온종일 생각하다 아내한테 부탁해요. 아내가 신나서 만들어 가져오면 못 먹어요.

그래서 뭐라고 기도했는지 아세요? "하나님, 일용할 양식을 주시옵고"가 아니라 "일용할 양식 많습니다. 먹게 좀 해주십시오"라고 기도했어요. 기도가 "일용할 양식을 먹게 해주시고"였어요. 몸이 허약해지니까 잠을 잘 수가 없어요. 잠도 힘이 있어야 자는 거더라고요.

김일환 그렇다고 하더라고요. 깊게 자는 사람이 건강한 사람이라고요.

김동호 그렇죠. 힘이 있어서 그런 거예요. "누울 힘도 없다"라는 말이 있잖아요. 정말 누울 힘도 없어요. 그런데 그게 돈으로 해결될 문제인가요? 박사 학위 따면, 성공하면 괜찮아지나요? 아무 상관 없어요. 아파서 아무것도 할 수 없을 땐 소용이 없어요. 돈이 어마어마하게 있어도 무슨 소용이에요? 먹지도 못하고, 잠도 못 자는데요.

그러나 돈이 있으면 편하게 살고 좋은 거 많아요. 좋은 차 탈 수 있고요. 그런데 그것도 건강할 때 얘기예요. 한계가 뻔한 거예요. 돈이 우리에게 평안을 주지는 못하죠. 돈이 우리를 재미있게 할 수는 있어요. 근데 기쁘게는 못 해요.

김일환 네. 진짜 복과 가짜 복이네요.

김동호 네. 평안이 진짜고 편안은 유사품이죠. 돈은 인간을 편안하게 하는 데 최고로 좋은 도구예요. 근데 돈이 우리를 평안하게는 못 하거든요. 오히려 돈이 있으면 더 불안해요. 그런데도 사람들은 편한 게 좋으니까 돈을 따라다니는 거죠.
저도 돈 좋지만, 돈에 대해서 조금은 초연할 수 있는 게 어느 정도까지만 해줄 수 있는 돈의 한계를 아니까요. 그리고 그보다 기쁘게 살고 싶고 평안하게 살고 싶고 하나님나라로 사는 데 욕심나거든요. 돈 없어도 믿음으로 하나님 생각하고 하나님 방식대로 살면 실제로 평안합니다.

김일환 목사님, 진짜를 얘기해주시네요.

김동호 성경이 그런데요. 돈이 좀 있으면 기분 좋고, 없으면 좀 불안하긴 해요. 그렇지만 없다고 꼭 불안해할 필요까지는 없어요. 그렇게까지 가난한 것도 아니잖아요.

'없어도 당당하자.' 그게 평생 보고 살아온 아버지의 모습이기 때문에 저도 그렇게 살아야겠다고 생각합니다. 그러면 또, 잘 살 수 있어요.

김일환 당당하게 살 수 있는 가장 큰 힘은 신앙이고요.

김동호 그렇죠. 그 신앙이 뭐냐고 다시 묻는다면, "하나님이 계신다. 그분은 전지전능하시다. 그리고 나를 사랑하신다"로 다 풀리는 거죠. 그분이 나를 사랑하신다는데 제가 죽겠어요? 망하겠어요?

김일환 그럼 목사님, 이번에는 부한 사람들에 관한 이야기를 좀 해보고 싶어요. 부자들이 특별히 경계해야 할 게 있다면, 어떤 걸까요?

김동호 까불지 말아라.

김일환 맞습니다. 교만하지 말아야죠.

김동호 맞아요. 돈 있다고 다 되는 줄 알고, 내가 뭔가 된 사람처럼 착각하는 거죠. 자기가 대단한 성공을 이룬 줄 알아요. "내 사전에 불가능은 없다"라며 뭐든지 다 할 수 있다고 착각하는 거죠.

김일환 "까불지 말아라." 굉장히 직관적이고 살아 있는 표현이네요.

김동호 돈이 많다고 다 된 것처럼 구는 건데, 하나님 없이도 살수 있는 것처럼 착각합니다.

김일환 하나님처럼 되는 거네요?

김동호 "아, 하나님, 다른 데 신경 쓰세요. 제가 다 할 수 있어요"라고 까불어요. 교만이 패망의 선봉이 되는 거예요. 그런데 나중에 저처럼 암에 걸리면, 아무리 돈이 많아도 뭐 먹지도 못하는데, 어떡해요? 그럼 "하나님 살려주세요"밖에 더 있어요?

김일환 제가 참 존경하는 목사님이 계시는데요, 그 분은 목회가 잘되고, 교회가 부흥하고, 자기 마음도 기쁠 때마다 병원 신경과를 꼭 들르신대요.
왜냐하면 거기 가면 병실마다 엄청나게 돈 많은 부자들

이 항상 누워 있거든요. 그걸 보면 자신도 겸손해지고, 또 건강이 없으면 아무것도 아니라는 걸 하나님께서 다시금 깨닫게 해주신다고 하더라고요.

그래서 일부러 교인들과 함께 병원을 방문하신대요. 목사님의 말씀처럼 "까불지 마라. 건강하지 않으면 아무것도 할 수 없다" 그걸 마음에 새기기 위해서요.

김동호 저는 지금 까불기 좋은 조건에 있는 사람이잖아요.

김일환 (하하하) 웃어서 죄송합니다. 그렇지만 표현이 재미있으세요.

김동호 아니, 진짜잖아요. 그래서 저한테 많이 하는 말이 "까불지 말아라. 까불면 죽는다"예요. 그리고 제일 많이 암송하는 말씀이 "여호와께서 집을 세우지 아니하시면 세우는 자의 수고가 헛되며 여호와께서 성을 지키지 아니하시면 파수꾼의 경성함이 허사로다"(시 127:1, 개역한글)입니다.

"아, 내가 어디 가서 밥 세 끼 못 먹으랴?" 자신만만했잖아요. 그런데 이 말씀을 듣고 생각해보니 갑자기 무서운 거예요. 하나님이 '요 자식 봐라' 그러실 것 같더라고요. 하나님이 얼굴 딱 돌리시면 그날로 저는 굶는 거죠.

이제 "어디 가서 밥 세 끼 못 먹으랴?" 소리 안 해요. 그런데 부자가 되면 돈이 많으니까 자신만만해지거든요. 그러다 까불면 죽죠.

김일환 아주 선지자 같은 메시지네요. 돈 많은 사람은 까불면 죽는다.

김동호 부자들이 망하는 게 교만 때문이에요. 그다음에 오만해지죠. 교만이 오만이 되고, 오만이 거만이 되는데, 거만은 결국 표면으로 드러나는 거예요. 돈 많고 권력 있는 분들의 표정과 다니는 자세를 보세요. 저는 눈빛, 표정, 말하는 태도, 자세를 중요시하는데, 그런 위치에 가면 자세가 건방져져요.

제가 일 년에 한 번 정도 태국에서 한 달씩 머무르는데, 가서 매일 운동하고 걸어요. 물론 건강 때문이기도 하지만, 사실 더 중요한 이유가 있습니다. 거기 가면 바보가 되거든요. 글도 못 읽고, 말도 못 하고, 들을 줄도 모르니까 싸울 일도 없어요. 말을 해야 싸우는데 그냥 반나절 웃고 다녀요. 그렇게 되면, 그곳에선 제가 아무것도 아닌 존재가 되는 거예요.

반대로 한국에선 어떤 줄 아세요? 어제는 세종문화회관 극장에 다녀왔는데요, 몇천 명이 모였어요. 그런데 저 아는 사람, 몇 명쯤이나 만났을 것 같으세요?

김일환 한 열 사람이요?

김동호 그 정도면 별로 안 만난 거거든요. 경험상 최소한으로 만난 거예요.

김일환 대단하시네요.

김동호 한 3천 명이 모였다고 하면 최소 열 사람은 만나요. 쉽게 말하면 "안녕하세요, 목사님" 정도의 인사하는 사람이요.

김일환 그런데 그런 사람만 열 사람이지, 인사하지 않는 사람은 더 많은 거 아니에요?

김동호 있을 수 있죠. 길거리를 다닐 때, 하루에 저를 알아보는 사람을 안 만나는 날이 거의 없습니다.

김일환 대단합니다.

김동호 그렇죠?(웃음) 꼭 연예인 같아요. 기분이 썩 괜찮거든요.

특히 손주들하고 같이 있을 때 아주 신나죠. 손주들이 "우와, 우리 할아버지가" 하거든요.

그럴 때마다 "까불지 말아라. 까불면 죽는다"라고 생각하는 거죠.

그런데 태국에 가면 저는 '노바디'(nobody)예요. 내가 누군지 누가 알아요?

김일환 그래도 중간에 도와주는 사람이 있으신 거죠?

김동호 태국에서 누가 도와요? 저 혼자 있으려고 가는 거예요. 아무도 없이, 알아주는 사람도 없이, 아내도 없이요. 물론 아내는 같이 갈 때도 있고, 안 갈 때도 있지만, 그 혼자 있는 시간을 통해 연습하는 거예요. 아내 없어도, 어머니 없어도, 자식 없어도 하나님만 있으면 살 수 있는 훈련. 그게 필요합니다. 그래야 정말로, 누군가와 함께 살아도 살 수 있어요.

저는 여러 면에서 부자예요. 근데 그게 무섭더라고요. 그래서 자꾸 조심합니다. 왜냐하면, 거기에 빠지면 가난한 것보다 훨씬 무섭고 위험하거든요. 실제로 많은 부자가 그렇게 무너져요.

요즘 가장 감사하게 듣는 말이 있어요. 사십 대 때는 생사를 걸고 목회를 했거든요. 설교도 강했고, 눈빛도 무서웠고, 별명이 '가까이하기엔 너무 먼 당신'이었어요. 그런데 요즘은 좀… 만만해 보이죠?

왜냐하면 갑상샘 수술하면서부터 목소리가 많이 상했어요. 그래서 목소리를 잘 못 내고 노래를 못 불러요. 어느 땐 말이 잘 안 나올 때도 있어요. 강제적으로 목소리가 부드러워졌어요. 그래도 저는 좋아요. 바보 같잖아요.

김일환 옛날에는 언어가 강하셨어요?

김동호 아, 강했죠. 그런데 지금도 강하면 부끄러운 일이라고 생각해요.

김일환 옛날에 목사님이 목회의 정점에 계셨을 때…, 세습하는 집단이랑 싸우실 때는 정말 그러셨어요. "개들이 짖어도 기차는 간다" 하셨을 때요.

김동호 최근에 어떤 분이 댓글을 달아주셨는데, 참 고맙더라고요. "웃을 때 아기 같아요"라는 말이었는데, 그 말이 제일 좋았어요. 왜냐하면 정말 강한 건 아기 같은 거거든요. 힘이 없어서가 아니라, 힘이 있음에도 부드럽고 순한 게 진짜 강함이니까요. 저, 힘 있고 만만한 사람 아니었죠. 한때는 그렇게 살았는데 이제는 좀 내려와야죠. 계속 '썸바디'(somebody)로 살면 얼마나 피곤해요. 언젠가는 노바디가 되어야 해요. 그래서 요즘은 노바디 되는 연습을 합니다. 까불지 않는 것, 잘난 체하지 않는 것, 내가 가진 걸 대단한 줄 알고 거기에 기대지 않는 것, 그게 제일 어렵더라고요. 가진 것에 푹 빠져서 여기가 마치 하나님나라인 줄 착각하며 살아가다 보면, 결국 본질을 놓치는 거고요.

김일환 스스로에 대한 경계군요.

김동호 경계해야죠. 가난할 때 넘어지기보다는 부유할 때 넘어질 확률이 훨씬 더 높아요. 가난해서 넘어지는 사람들은 힘들어서 하나님을 원망하다가, 그래도 힘드니까 또 붙잡고 매달리게 됩니다. 근데 부유할 때는 매달리는 힘이 약해져요. 기도 안 하는데도 다 되니깐요.

가난한 사람들이 경계해야 할 것들

김일환 목사님, 그렇다면 가난한 사람들이 정말 경계해야 할 건 어떤 게 있을까요?

김동호 비굴해지는 거죠. 그리고 낙담하는 것, 자기를 부끄러워
하는 것, 그리고 남을 시기하는 것, 부정적이 되는 거예
요. 가난도 위험하고 부함도 위험합니다. 사는 건 다 위
험합니다. 믿음 빼고는 그렇죠.

김일환 참 명쾌한 답을 해주세요. 물리적으로 얼마가 있으면 부
자고 얼마가 없으면 가난하다고 정해진 건 아니겠지만,
그래도 어느 정도 자기가 중산층이라고 생각하는 사람
도 있을 것 같거든요. 그런 사람들에게 주고 싶은 메시지
도 있으실까요?
한국 갤럽에서 조사한 결과인데, 서울 기준으로 아파트
34평을 전세로 살고 있고, 승용차를 갖고 있고, 연봉이 7
천만 원 이상인 사람을 중산층이라고 부르더라고요. 왜
냐하면 재산적 가치로는 7억이 넘어가는 거니까요.

김동호 뭐 타당성이 있네요. 그런데 중산층이라고 할 수 있는
사람이 몇 퍼센트 정도 될까요?

김일환 별로 없어요.

김동호 그렇죠.

김일환 그리고 부자라는 개념 자체가 완전히 달라졌어요. 예전에는 부자라고 하면 막연하게 '집이 몇 채 있다'라거나, '재산이 몇억이다'라는 식으로 생각했잖아요. 그런데 최근에 어떤 연구를 보다가 굉장히 흥미롭게 느낀 게 있어요. 요즘은 부자라는 걸 어떻게 정의하냐면, 현금으로 빚 없이 3억 원을 갖고 있으면 부자라고 보는 거예요.

아드님이 경제학 박사시면 더 잘 아시겠지만, 지금은 거의 온 국민이 빚을 안고 살고 있잖아요. 예전에는 어느 정도 빚이 있어도, 부동산이든 뭐든 자산 가치가 크면 부자라고 했는데요. 요즘은 그런 평가 방식이 아니라 순수 자산, 현금 기준으로 보더라고요. 미국도 마찬가지고요.

부동산 같은 건 빼고, 오로지 현금으로만 3억을 갖고 있어야 부자라는 거예요. 그게 우리나라 전체 인구 중에서 상위 약 15퍼센트에 들어간다고 하더라고요. 그 얘기를 듣고 나니까, 생각보다 현금을 가진 사람들이 정말 적구나 싶었죠.

김동호 그럼 재밌는 얘기 하나 해보고 싶은데, 중산층이 연봉 한 7천만 원 선이라고 그랬죠? 7천만 원에서 8천만 원, 쉽지 않아요.

김일환 그렇죠. 어렵죠.

김동호 그러면 연봉 한 4천만 원에서 5천만 원 되는 사람하고 7천만 원인 사람하고 얼마나 삶의 차이가 있을까요? '3천만 원 정도 더 받는 것 갖고 뭘 할 수 있을까?' 생각을 해봤어요. 일단 4천만 원이면 가능한 한 지하철 타고 다녀야 해요. 아니면 조금 작은 차를 타고 다닐 수 있겠죠.

김일환 네. 그렇죠.

김동호 7천만 원 정도면 뭐 탈 수 있을까요? 자가용으로요.

김일환 7천만 원이면…, 그랜저요?

김동호 그러면 그랜저 하나 타면 끝이에요. 그러니까 돈이라는 게 참 별거 아니에요. 물론 그랜저 타면 좋아 보이죠. 근데 생각해보세요. 연봉 7천만 원까지 가는 데 얼마나 힘들게 가야 해요? 그렇게 고생해서 올라와도 결국 결과물이라는 게, 차 한 대 타는 정도거든요. 그러니까 결국은 뭐 타느냐 차이밖에 안 나는 거예요.

김일환 그렇죠.

김동호 3천만 원 차이가 작은 차를 타느냐 큰 차를 타느냐가 다인 거예요. 그게 뭐 그렇게 대단한 거라고 거기에 생명을 거는 거거든요. 연봉 1억 되면요? 별거 아니에요. 쓰려고 보면 그랜저를 제네시스로 바꾸면 끝이에요.

김일환 그렇죠. 그 이상은 어렵죠.

김동호 7천만 원 되면 그랜저 타면 되는 거고, 4천만 원이면 그에 맞는 차 타면 되는 거예요. 그렇게 타고서는 한 가지만 안 하면 돼요. 부러워하고 "언제 저거 되나? 왜 팔자가 이러나?" 하는 짓만 안 하면 돼요.
"넌 연봉 1억이니까 제네시스 타냐? 난 천만 원 정도 되니까 경차 타." 경차 타고 기가 안 죽을 수 있으면 삶에 그렇게 큰 차이가 있겠어요? 1억 가지고 살면서 바람 피우고 부부 싸움하고 애들하고 사이 나쁜 거 하고, 예수 잘 믿고 바르게 살아서 가정생활 잘하는 거 하고 비교하면 말도 안 되는 소리죠.

저도 바닥에서부터 꽤 많은 돈을 벌어봤는데, 지나고 보니 별거 아니더라고요. 그리고 사실 별로 관심도 없어요. 돈이 있으면 소파 좋은 걸로 바꿀 수는 있어요. 그런데 관심이 없으니까, 그냥 있는 소파에 앉아서 지내면 되는 거예요. 우리 부부가 사는 데 손님이 많이 오는 것도 아니고요. 그러다 보니 자연스럽게 그쪽에 돈이 안 들어가게 되죠.

물론 연봉 7천만 원이면 좋아요. 그렇게 벌면 헌금도 더 많이 할 수 있고요. 하지만 4천만 원으로 사는 것과 7천만 원으로 사는 것 사이에는, 사람들이 생각하는 것만큼 큰 차이가 있는 건 아니에요. 억대 연봉? 그거, 진짜 별거 아니에요.

김일환 다 살아보시고 경험해보신 목사님이 해주신 이야기라 설득력 있게 다가옵니다.

김동호 재벌들이 돈을 얼마나 가졌겠어요? 몇조씩 얘기하잖아요. 그런데 양심 걸고 말하자면, 하나도 안 부러워요. 먹지도 못할 걸 뭐 하러 부러워해요? 그냥 숫자일 뿐이에요.

그리고 사실 돈은 일이에요. 저한테는 그렇거든요. 돈이 많아졌다는 건, 일이 그만큼 많아졌다는 거예요. 돈 많이 버는 사람들 정말 바빠요. 그래서 헬리콥터 타고 다니는 거잖아요. 겉으로 보기엔 근사해 보여도, 집에서 애들이랑 놀 시간이나 있겠어요? 어디 여행이나 가서 제대로 쉴 수 있겠어요? 오히려 제 팔자가 훨씬 나아요.

평안이 진짜고 편안은 유사품이죠.
돈은 인간을 편안하게 하는 데
최고로 좋은 도구예요.
근데 돈이 우리를 평안하게는 못 하거든요.
오히려 돈이 있으면 더 불안해요.
그런데도 사람들은 편한 게 좋으니까
돈을 따라다니는 거죠.

결국 중요한 건 돈 갖고 할 수 있는 것과 없는 걸 아는 거고, 돈 없이도 잘 사는 법을 배우는 거예요.

김일환 정말 좋은 말씀이네요.

김동호 우리는 돈 많은 사람을 잘 사는 사람이라고 말하는 데서 부터 엉키고 썩은 거예요. 사탄한테 속은 겁니다. 돈 많은 사람은 부자지 잘 사는 사람이 아니에요. 부자 중에 못사는 사람이 얼마나 많은데요? 병든 사람 많고, 일에 지쳐서 돈 관리하느라고 스트레스받아서 죽을병에 걸려 쩔쩔매기 십상이죠.

돈을 벌 수 있는 성경적 원리는 무엇인가요?

김일환 결국 돈을 벌 수 있는 성경적인 원리, 그리고 또 그렇게 돈을 벌 때 목사님이 보여주신 한 사람이 5천 명분을 먹는 게 아니라 나눠주는 것들, 교회에서 하셨던 사역들은 구체적으로 어떤 것이 있으셨나요?

김동호 전 돈을 버는 세상적인 원리가 있다고 생각합니다. 그것도 배워야 한다고 생각해요. 무조건 다 나쁜 건 아니거든요. 세상적으로 돈을 벌려면 여러 가지 원리들이 있을 거예요. 가장 기본적인 얘기는 100원을 1,000원처럼 쓸 줄 아는 것, 아낄 줄 아는 것, 절제할 줄 아는 것, 쓸 때 쓸 줄 아는 것, 그리고 남이 보지 못하는 창의적인 생각을 해서 그런 것들로 돈을 만드는 방법이겠죠.

목사로서 돈을 버는 방법을 가르친다면, 간단하게 가르쳐요. 돈을 은사로 생각하는 거예요. 은사는 잘 써야 하는 거잖아요? 돈을 복이라고 생각하는 건 내가 쓰겠다는 거예요. 근데 은사라고 하는 건 내 것이 아니고 하나님이 주라고 하는 곳에 주는 거거든요. 돈을 은사로 생각하면 하나님이 주시지 않겠어요?

김일환 하늘의 원리를 이해하는 거군요.

김동호 그렇죠. 하늘의 원리, 그 얘기를 하는 거예요. 은사는 하나님이 주신 거잖아요. 우리 큰아들이 한동대를 갔거든요. 지금도 외딴곳이지만, 우리 아이들 다닐 때는 정말 산골이었어요. 멀리 떨어져 있으니까 필요한 데 쓸 수 있도록 신용카드를 만들어줬어요.

아내가 걱정하더라고요. 아직 대학교 1학년인데 신용카드를 주냐고요. 그런데 저는 우리 아들을 애라고 생각하지 않았어요. 대학생이면 어른이죠. 카드도 쓸 줄 알고,

관리도 할 줄 알아야죠. 다행히도 그런 면에서 철이 들었어요.

지켜보니 함부로 쓰지 않더라고요. 허세 부리지 않고, 꼭 필요할 때만 써요. 처음엔 아이가 혹시 잘못 쓸까 봐 아내가 카드 내역을 몇 달간 일일이 체크했죠. 그런데 시간이 지나고 나서 그러더라고요.

"여보, 부용이가 철들었어."

"왜?"

"카드를 꼭 필요할 때만 쓰고, 안 써도 되는 데는 절대 안 써. 쓸 줄 아는 거야."

그다음부터는 아예 확인도 안 했습니다.

그렇게 되면 그건 제 돈이기도 하지만, 결국 아들 돈이 되는 거예요. 아들이 잘 쓰는 걸 보면 저는 오히려 더 기쁘죠.

많은 사람이 자식에게 카드 안 주는 이유를 돈이 아까워서라고 생각하지만, 그게 아니라 사실은 애가 아까운 거예요. 철 안 든 자식에게 카드를 주면 그건 독이에요. 자식 망칠까 봐 안 주는 거지, 돈이 아까워서 안 주는 게 아니거든요. 애가 철이 들었다면요? 더 줘야죠. "다 네 거다" 하고요. 자식이 잘만 쓴다면 내 것이 뭐가 중요해요? "너 다 써라" 그렇게 되는 거죠.

베드로가 "주는 그리스도시요 살아 계신 하나님의 아들이시니이다"(마 16:16)라고 신앙고백을 했어요. 그 신앙고백의 핵심이 뭔가 하면, 바로 로드십(Lordship)이에요. 하나님이 주인이시고, 예수님이 내 주님이라고 고백하는 거죠. 그게 철든 신앙이라는 거예요.

예수님이 그 베드로에게 뭘 주셨어요? 천국의 열쇠를 주셨어요. "네가 땅에서 무엇이든지 매면 하늘에서도 매일 것이요 네가 땅에서 무엇이든지 풀면 하늘에서도 풀리리라"(마 16:19).

그때는 카드가 없었으니까 열쇠를 주신 거죠. 요즘 같으면 뭐예요? 천국 카드를 준 거예요. '네가 긁어, 나한테 물어보지 마. 네가 알아서 긁어.' 그 말은 천국을 통째로 베드로에게 맡기신 거잖아요.

또 예수님이 그러셨어요.

"묶인 나귀를 풀어오너라."

"주인이 뭐라고 하면요?"

"주가 쓰시겠다 하라. 그러면 풀어주리라."

주를 위해 쓰면 풀린다는 것, 그게 은사의 개념이라고 생각해요.

하나님께 복을 받아서 부자가 되려면, 먼저 하나님 마음에 들어야 하지 않겠냐는 거예요. 하나님 앞에서 신뢰받아야 하죠. "저 자식은 돈 때문에 잘못되지 않을 놈이구나. 돈을 정확히 아는 놈이구나. 돈이 뭐에 필요하고, 어디에 써야 하는지를 아는 놈이구나." 그러면 주시죠. 주를 위해서 쓰면, 하나님은 푸신다. 그게 제가 가장 중요하게 여기는 부분이에요.

그래서 아이들에게 말해요. 뭐가 되든 상관없다고. 장사하든, 영화감독이 되든, 교수가 되든 괜찮아요. 중요한 건 그 길이 잘 풀리려면 하나님께 드려야 한다는 거예요. 주를 위하여 쓴다고 생각하면, 반드시 풀립니다.

김일환 어떻게 보면 돈을 버는 것도 하늘의 원리고, 돈을 쓰는 것도 하늘의 원리군요.

김동호 그렇죠. 그게 신앙입니다. 제가 장부 썼다고 그랬잖아요. 아들들한테 "예수 이렇게 믿어라, 이렇게 살아라" 말하고 싶지 않아요. 그럼 뭘 가르친다고요? 그냥 보여주면 돼요. 거기에 내 삶이 다 들어가 있으니 말이에요. 아버지가 돈을 어떻게 벌었는지 보면 도둑질해서 번 건 없잖아요. 남의 것 욕심 내서 갖다 끌어 쓴 것도 없고요. 다 적어보니 정한 원칙이 있는 거죠. 몇 퍼센트를 어떻게 쓰겠다고 해놓고 실천한 거잖아요.

돈을 장부에 기록하면 어디에 돈을 썼는가가 나오잖아

요. '하나님을 위해서 써도 돈을 어떤 데 써야 하는구나, 이때는 이 정도 쓰는구나, 아버지가 여기에 돈을 이만큼 보냈구나!' 이런 것들이 다 보이잖아요. 그게 삶이고 다 신앙입니다.

근데 장부를 보여줄 것도 없이 애들이 제가 어떻게 사는지 다 봤으니까, 자기 몫으로 준 재산에서도 "야, 이거 다 하나님께 드리자"라고 했을 때 아무렇지도 않게 내놓은 것이죠.

돈을 쓰는 방식

김일환 사실 목사님을 아는 사람이라면 누구나 궁금해할 거예요. 실제로 목사님께서 돈을 많이 갖고 계셨을 때, 그러니까 큰 재정을 움직이셨을 때, 목회자로서 그 돈을 어떻게 쓰셨나요? 또 높은뜻숭의교회에서 그렇게 많은 헌금과 재정을 교회 건축이 아니라 다른 방식으로 사용하신 이유와 구체적인 사례들도 듣고 싶습니다. 그 규모가 상당했잖아요.

김동호 얘기하려면 한도 끝도 없고 다 기억하지는 못하지만, 원칙이 있어요. 하나님 앞에 받은 훈련이 있습니다. 우리 어머니한테서 헌금 훈련을 잘 받았어요. 가난해서 종이 돈으로 용돈 받은 적이 없었어요. 하지만 동전 들고 헌금한 적도 없어요. 우리 어머니가 동전으로는 헌금을 보내지 않았거든요.

그래서 주일학교에서 제가 헌금을 제일 많이 했어요. 그때는 요절 외웠냐, 출석했냐, 헌금했냐 따져서 연말이 되면 상 줬거든요. 그런데 한 번도 안 빠졌어요. 우리 교회에서 제일 가난한 집안이었는데도요.

그걸 통해서 뭘 배우는가 하면, 무의식적으로 적은 돈은 나를 위해서 쓰고 큰돈은 하나님을 위해서 쓰는 게 자연스럽게 되는 거예요.

김일환 몇천만 원씩이요.

김동호 몇천만 원에 몇억도 냈었죠. 그런데 안 아까워요. 양심적으로 안 아까우니까 편한 거죠. 억지로 하면 참 힘든데 어머니의 무의식적인 삶의 교훈 때문이죠.

한번은 할머니가 오셨어요. 주일날 헌금 들고 가는 걸 보고 놀라시더라고요. 종이돈 들고 가니까 헌금 많이 낸다고 칭찬하시더니 '틀렸다'라는 거예요. 뭐가 틀렸냐 하니까 헌금이 구겨졌다면서 다려주셨어요. 그때 전기다리미가 아니라 숯불 다리미가 있을 때인데, 숯불 피워서 다려주시는 게 충격이었어요.

만 원짜리 다리면 이만 원 되나요? 구겨지면 9천 원 되나요? 그런데도 하나님께는 좋은 것 드려야 된다고 하시면서 다려주셨어요.

요즘엔 헌금을 주로 온라인 계좌로 보내지만, 헌금을 돈으로 낼 때는 늘 은행에서 신권을 바꿔다가 헌금했어요. 침대 서랍에는 늘 새 돈이 있어요.

똑같아요. 하나님에 대한 마음이거든요. 하나님께 좋은 것 드린다는 마음이에요. 참 좋아하던 광고가 있어요. "아버님 댁에 보일러 놔드려야겠어요." 그 말이 좋더라고요. '하나님 댁에 보일러를 안 해드린 아들'이라는 생각으로 살았어요.

교회에서 주는 차도 탔지만, 집에서 쓰는 차가 따로 있었어요. 나름대로 집에서 쓰는 차를 살 때마다 선교사님 차 한 대씩은 사드렸어요. 왜요? 보일러 놔드리려고요.

그리고 아주 큰 모금도 많이 했었어요. 웬만한 모금을 할 때는 제일 많이 냈을 거라고 그랬잖아요. 내지 않고 남한테 달라고 할 수가 없잖아요.

또, 선교사님들이 외국에 나갔을 때 특히 선교사님 아이들 보면 마음에 걸리거든요. 그럼 만날 때 애들 용돈 주는 걸 좋아해요. 그러니까 돈이 늘 있어야 해요. 선교사님들 한국에 오시면 용돈 드리고 여비 드리고 애들 용돈 주면 푼돈 같아도 꾸준히 하니까 다 모아놓으면 적진 않겠죠.

그랬더니 재미있는 게 뭔지 아세요? 용돈 받은 놈들이 이제 저한테 용돈 주려고 해요.

김일환 선교지에 가시면요?

김동호 그렇죠. 선교지뿐만 아니라 유학 가는 애들도 고생하거든요. 그래서 제가 해외에 가면 그 아이들에게도 적으면 100불, 200불, 500불이라도 있는 대로 돈을 줬어요. 그런 애들이 이제 커서 제가 나가면 제게 용돈을 줘요.

김일환 최고네요. 해외를 나가도 굶어 죽진 않으시겠어요.

김동호 아, 어떻게 굶어 죽나요. 제가 굶어 죽으면 그 놈들 다 나쁜 놈들이죠(웃음). 그런데 그런 것들이 감사합니다. 그게 보이지 않는 선교잖아요. 건축을 안 했는데 돈을 어디에다 썼나 생각해보면, 거의 2백억 정도 썼다고 얘기했었는데 그것보다 더 썼을 거예요. 그뿐만 아니라 저한테 천억 줬던 분이 있었다고 했잖아요. 그 돈도 신나게 썼거든요.

김일환 다 못 쓰고 돌려주신 거잖아요.

김동호 그렇죠. 어떻게 그 많은 돈을 다 쓰겠어요? 돌려준 것도 아니고, 처음부터 재단을 만들어서 한 10년쯤 제가 관리 했습니다. 그 분이 저한테 준 거긴 하지만 자녀들도 있고, 재단도 자리 잡혔으니까 다시 넘겨줬습니다. 그렇다고 그 돈이 자녀들 돈이 되는 것도 아니고요. 재단으로 돌아가는 거예요.

근데 교회가 돈을 어디에 쓰느냐, 이게 참 중요하잖아요. 높은뜻교회나 에스겔선교회가 돈을 쓰는 방식은 조금 다릅니다. 예를 들어, 에스겔선교회에서는 선교사들을 위한 휴양소를 속초에 하나 마련해뒀어요. 별장처럼 꾸며놔서 언제든 시간만 맞으면 신청받고, 가서 쉴 수 있게 해뒀죠.

그 이유가 있어요. 보니까 대부분 선교사님한테 일은 실컷 시키면서도, 쉬게 하고 놀게 하는 데 돈 쓰는 걸 잘 안 하더라고요. 그런데 저는 쉬는 것도 사역이라고 생각했어요. 잘 쉬어야 또 일도 잘하거든요.

그래서 한때는 선교사님들 휴가 보내는 캠페인도 했습니다. 좀 엉뚱해 보일 수 있지만 저는 그게 진짜 필요하다고 생각했어요. 돈도 좀 벌리고 하니까, 최소 300만 원에서, 많을 땐 800만 원까지 들여서라도 선교사님들께 쉬라고 했습니다. 상처도 많고 지쳐 있는 분들이니까요. 엘리야 같은 사람들 아닙니까? 하나님도 엘리야에게 떡 갖다주고 좀 자라고 하셨잖아요. 돈을 그런 데 쓰는 걸 낭비라고 생각하는 분들도 있지만, 그게 아니라고 봅니다.

그런 분들도 있었어요. 부부가 같이 선교하는데, 탈북 아이들에게 영어 가르치며 사역하던 분이었어요. 10평짜리 원룸에 애 둘 데리고 살면서요. 근데 그 사모님이 말기 암에 걸리셨어요. 그때 우리 탈북자 장학재단에서 영어 배우던 아이가 저한테 그러더라고요.
"목사님, 우리 사모님 여행 좀 보내주세요."
그래서 800만 원 줬어요. 환자니까 차도 전세로 내고, 가이드도 붙이고, 호텔은 스위트룸으로 잡아줬습니다. 10박 11일 제주도에서 지내고, 그 후에 사모님은 돌아가셨어요. 하지만 그 분들은 거기서 큰 위로를 받으셨어요. 그 위로는 말로 다 못 해요.

김일환 선교사님들께서 정말 많은 위로를 받으셨겠어요.

김동호 그렇죠. 속초에 휴양소를 마련하게 된 계기가 있어요. 우리 아내 친구가 엄청난 부자예요. 건설업으로 자수성가한 분인데 별장을 여러 개 갖고 있어요. 그 사람이 가평에 별장이 있는데 우리 부부에게 와서 쉬라고 하더라고요. 그래서 우리 아들 데리고 가서 한 주간 쉬었는데 좋은 거예요. 계곡에 물이 흐르는 정말 좋은 별장이었는데, 선교회를 하니까 우리 선교사님들도 그런 곳에서 좀 쉬면 좋겠다는 생각이 들더라고요.

그래서 속초에다가 별장을 사려고 했어요. 그런데 아직은 우리가 건물을 살 수 있는 때가 아니더라고요. 뭐가 안 되는가 하면, 세금이 많이 나와요. 5년이 지나야 하는데, 에스겔선교회가 아직 5년이 안 되었던 때였어요. 그래서 전세를 얻었습니다.

아마 제 생각엔, 우리가 얻은 아파트가 속초에서도 꽤 좋은 아파트일 거예요. 굉장히 괜찮고 비싼 아파트예요. 전세로 들어갔는데 35평으로 아주 넉넉한 집이에요. 바로 앞엔 바다가 있고, 길 하나만 건너면 버스터미널이고 설악산도 가까워요. 그 집에 좋은 소파 갖다 놓고, 침구도 다 제대로 된 걸로 해놨어요. 편하게 쉬게 하려고요. 그런 데는 돈 많이 써요. 돈을 그런 데 쓰고 싶고요.

또 캄보디아 애들 선교할 때도, 애들 먹을 거 사주는 것도 중요하지만, 제일 먼저 한 일은 교복 사다 입힌 거예요. 자존감 세워줘야 하니까요. 급식도 잘 해주고, 버스 대절해서 물놀이도 시키고요. 애들이 그런 거 못 해봤잖아요.

캄보디아 쓰레기 마을에서 우리가 1년에 한 4억 5천 정도를 썼고, 올해는 좀 더 나갔어요. 5억 정도요. 그런데 그렇게 쓸 때 어떤 마음으로 쓰는가 하면, 옥합을 깨뜨린 여인의 마음으로 씁니다. 전략적으로 계산하며 쓰기보다는, 선교사님들이나 그 쓰레기 마을 아이들한테는 그냥, 마치 낭비하듯이, 옥합을 깨뜨리듯이 돈을 써요. 어떻게 보면 무섭게 막 쓰는 거죠. 그런데 그렇게 써야 아이들 자존감이 올라가요. 그렇지만, 또 그렇게 쓰는 게 쉬운 일은 아니에요.

김일환 멋있습니다, 목사님.

김동호 그래서 사람들이 "4억 5천 써서 뭘 했느냐?"라고 묻는다면, 저는 말하고 싶어요. 그 돈으로 본전 뽑았다고요. 왜냐하면 애들이 변했거든요.

지난번에 봤던 캄보디아 여자애들이 기억나요. 여자애들이 학교 갈 때 교복을 입고 가면, 그 교복 하나가 아이들의 자존감을 올려줘요. 그게 다 무너졌던 아이들이었는데, 그 아이들이 머리에 5천 원짜리 꽃핀을 꽂고 오더라고요. 너무 좋았어요.

그 아이들이 자기를 단장하려고 한다는 건 엄청난 변화예요. 그 변화에 4억 5천이 들어간 거예요. 그냥 먹을 것만 자꾸 갖다주면, 배는 부를지 몰라도 마음은 여전히 비참하거든요. 자기가 존귀한 존재라는 것, 자기가 예쁘다는 걸 모른 채로요.

그리고 캄보디아에서 미용학교도 해요. 그 사역도 돈이 꽤 들었습니다. 그 훈련 과정 하나 만드는 데만 2억 넘게 들었어요. 기계 들이고, 시설 갖추고, 거기에 한국 원장님들이 가서 직접 봉사도 해요.

또 아이들이 1년 동안 그 교육을 받으려면, 그 기간 동안 생활비도 줘야 합니다. 쓰레기 마을이라고 하면 다들 걱정하는데, 우리는 그 마을에서 9명의 아이를 뽑아서 한 달에 250불에서 300불 월급 받는 미용사로 키운 거예요.

김일환 캄보디아 GDP로 봤을 때 어느 정도 수준인 건가요?

김동호 대학 졸업생 월급이 그 정도예요. 근데 그 아이들은 대학 졸업한 애들보다 더 받아요. 팁도 받거든요. 부잣집 손님들이 많이 오는 고급 미용실에 가니까요. 그러니까 애들 신분이 완전히 달라졌잖아요. 쓰레기 줍는 것 외에는 아무것도 할 수 없던 아이들이 최고급 미용실의 미용사가 된 거잖아요.

지금 학기 중인데 벌써 미용실에서 와서 우리 애들 데려가기로 선점했대요. 왜냐하면 이런 기술을 가진 애들을 캄보디아에서 쉽게 만날 수가 없거든요.

김일환 그 아이들은 진짜 인생이 변하는 거네요.

김동호 인생이 완전히 바뀌어요. 그런 곳에 돈 쓰는 겁니다. 탈북자들을 위해서 공장 만들어주고, 애들을 위해서 커피숍 만들어주고, 그러다가 망하기도 하고요. 그런데 그냥 공짜로는 안 줬어요.

김일환 교회가 돈을 그런 데 써야죠. 건물 짓고 하는 것 말고요.

김동호 그렇게 한 목사도 목사지만, 교인들이 더 감사하죠.

김일환 저도 개척하면서 많이 느낍니다. 저희 교회도 보이게, 보이지 않게 힘에 넘치도록 선교해요. 교회 재정에 비해서요. 정말 감사한 건 교인들이 저를 믿고 맡기고 또 응원

해주신다는 거예요. 그리고 1년에 한 번씩은 선교하는 곳에 함께 갑니다.

저희는 거점으로 하는 선교 지역이 있는데, 필리핀, 방글라데시, 미얀마입니다. 개척 초기부터 5년 동안 꾸준히 했고 지금 가면 그곳에서 저희를 마중하려고 직접 차를 가지고 나오고, 현수막도 걸어 주세요. 가서 사역할 때마다 사례비를 드리는데 밥값도 안 받겠다는 거예요. 그 분들이 하시는 말씀이 "우리가 지금까지 많이 받았는데, 밥값을 어떻게 받냐?"라는 거죠. 물론 끝나고 나서는 더 헌금을 합니다.

놀라웠던 게 작년에 필리핀에 다섯 교회에 갔는데 모든 교회가 다 풀 세션으로 예배를 드리는 거예요. 필리핀 교회가 드럼, 피아노, 마이크, 스피커 다 갖추고 말이죠. 현지 상황에서 쉽지 않은 거잖아요.

정작 저희는 기타 하나만으로 예배를 드리거든요. 심지어 저희 교회엔 PPT가 나오는 모니터도 없어요. 그런데 거기는 앞뒤로 모니터 있고, 스피커 시스템도 잘 돼 있고요. 그런데 그 모습을 보면서 우리 교인들이 "우리 교회 좋다, 잘했다, 우리 교회의 실력이다"라고 하면서요. 감사하면서도 언제까지 해야 하나 고민했는데, 지금 목사님 얘기 들으면서 계속해야겠다는 생각이 드네요.

근데 참, 목사님 얘기 중에서 인상 깊었던 건 "망했다"라는 거예요. 탈북민 사업했는데 망했고, 커피숍도 했는데 망했고, 근데 사실 망한 게 아니에요.

김동호 그렇죠.

김일환 사람들의 삶을 위해서 한 거고요. 예전에 아내랑 같이 목사님이 설립하신 청어람 아래에 있는 블렌딩 카페에 가봤어요. 그곳이 탈북청년들을 위해 만드신 곳이잖아요?

김동호 아, 그러셨군요. 맞습니다.

김일환 커피값도 비싸더라고요. 주변 카페보다도요. 마셔보니 원두가 고급인 거예요. 그리고 거기 안에 있는 모든 것들도요. 그래서 "와, 진짜 돈을 많이 들였구나"라는 생각도 들었는데, 생각보다 손님이 많이 없어서 좀 놀랐어요.

김동호 근데 망하는 게 당연한 게 탈북 아이들이 커피를 모르잖아요. 처음에 그 아이들 훈련시켜서 운영하는데, 한 번씩 기자들도 와요. 신기한 일이니까 신문 기사에 내려고요. 어떤 기자가 우리 아이한테 물었어요.
"커피가 뭐라고 생각해요?"

그런데 대답이 웃겨요. "밥값보다 비싼 쓴물."

그러니까 애네들은 커피를 내리면서 "아, 미친놈들이 이걸 왜 먹나? 돈 주고 어떻게 사 먹나?"라고 생각하는 거죠. 그 아이들 수준에서 보면 커피값이 이해되겠어요? 엄청 말도 안 되는 소리죠.

그래서 얼마나 웃었는지요. 그러면서 속으로는 '아, 저러고 커피를 내리니 커피가 팔리겠나' 했죠. 그렇지만 아이들에게 사용해야 하는 돈이라고 생각했어요. 돈을 주는 방식이 다른 거죠. 없어진 건 똑같은데 공짜로 주지 않고 일 시키고 준거니, 그 애들은 얻어먹은 게 아니라 벌어먹은 거라고요.

또 탈북자 공장 처음 했을 때도 그들이 한 달에 월급 100만 원 달라고 해서 그때 124만 원 줬었어요. 그때가 벌써 이십몇 년 전인데, 그런데도 일하러 안 와요. '왜 안 오냐?' 했더니 그때 직업이 없으면 정부에서 60만 원 정도를 지원해준대요.

그 돈 받으면 아르바이트 조금 하면서 쉽게 사는데, 공장에서 일하면 힘들잖아요. 그래서 그 사람들 불러서 이야기했어요.

"그건 얻어먹는 거고 이건 벌어먹는 거야. 네 마음대로 해. 평생 얻어먹고 살지 네가 벌어서 먹고살 건지." 그랬더니 다 돌아왔어요.

사람이 자존심이 있잖아요. 시작할 때 얻어먹게 하지 않고 벌어먹게 하려고 하는 거예요. 대신 우리는 망했죠. 근데 어차피 줄 거였으니까 망한 것도 없어요. 주는 방식만 다른 거지, 어차피 주는 건데 좋은 방식으로 줬다고 생각해요.

그리고 그때 다 망한 줄 알았거든요? 그런데 이십 년쯤 지나고 보니까 다 열매가 있는 거예요. 그때는 간척 사업했다고 생각합니다. 바다에 돌 던져서 없어진 줄 알았더니 나중에 육지가 되더라고요.

그렇게 공장 세우다가 망할 때도 힘들지만, 잘 될 때도 힘들어요. 잘 되면 뭐가 힘드냐면, 투자해줘야 하거든요. 박스 공장이 잘 돼서 이익이 나니까 더 하려면 기계도 사야 하고, 공장도 바꿔야 하고요. 그런데 대출을 누가 해줘요? 안 해주죠. 그래서 아예 은행을 만들었어요. '밑천나눔운동'으로 시작했는데, 지금은 꽤 큰 회사가 됐어요. 투자회사처럼요.

그렇게 하나씩 만들어진 게 열매나눔재단, 열매나눔인터내셔널, 또 은퇴하면서 만든 사단법인 PPL이에요. 이게 다 군단처럼 서로 연결되어 있습니다. 우리 에스겔선교회까지 쭉 이어지고, 청어람까지도요. 그러니까 "그땐 다

물에 던진 줄 알았는데, 때가 되니까 다 드러나는구나"
싶어요.

실패를 두려워하지 않는 신앙

김일환 이번에는 젊은 사람들이 가져야 할 다양한 시도와 도전,
또 배움에 관한 이야기를 해보고 싶습니다. 그리고 요
즘 젊은 세대가 가장 두려워하는 건 "나는 그리스도인으
로서 어떤 모델이 될 수 있을까?", "누군가에게 짐이 되지
않고, 반듯하게 서서 단란한 가정을 이룰 수 있을까?"라
는 것입니다.

또 한 가지, 요즘 젊은 그리스도인들은 실패를 자주 경험
합니다. 직장에 도전해도 번번이 낙방하고, 이력서를 서
른 군데 넘게 넣어도 연락이 오는 곳은 한두 군데뿐인 현
실입니다. 이런 상황에 있는 친구들에게, 목사님께서 해
주고 싶은 말씀이 있을까요?

김동호 그런 경우가 정말 많아요. 우리 막내아들이 신대원을 졸
업하고 전임 자리를 찾을 때, 저는 높은뜻교회에는 못 온
다고 했어요. 제가 세습 반대하던 사람이잖아요. 그리
고 다른 곳에 추천도 안 해준다고 했어요. 추천하면 불

공정하니까요. 그럼 아버지 없는 전도사들은 어디서 전도사 자리를 얻어요? 공평하게 해야죠.

우리 아들도 이력서 스무 통 정도 썼나 봐요. 그런데 다 안 됐어요. 어느 날 와서 그러더라고요. "아빠 때문에 더 갈 데가 없어요. 아버지를 싫어하는 교회나 장로, 목사들도 많거든요." 그러니까 제 아들이라서 더 못 가는 데가 있는 거예요.

결국 12월 마지막 주일까지 임지가 없었어요. 그래서 제가 뭐라고 했냐면 우유 배달하고 신문 돌리라고 했어요. 그때 그렇게 하면 한 달에 150만 원 정도 벌었거든요. 막내가 자식이 둘이었는데도 그렇게 하라고 했어요. 그리고 그때 이런 말을 했어요.

"미자립교회는 없다. 미자립 목사가 있을 뿐이다. 네가 자립하면 그 교회는 자립교회다."

근데 우리 아들은 되는 애예요. 용돈 떨어져도 나한테 용돈 달라는 소리를 안 하고 집에서 안 입는 옷들, 넥타이들 다 긁어다가 길에 나가서 팔아요. 낚시 의자 하나 갖다 놓고 온종일 앉아 있다가 "오늘 칠만 원 벌었어요. 아빠도 좀 드릴까요?" 그래요.

그러니까 서른 군데 이력서 넣어서 안 되면, 할 수 있는 걸 해야죠. 택배든, 신문 돌리기든, 우유 배달이든요. 물론 할 수 없는 일에도 계속 도전은 해야 해요. 근데 동시에, 할 수 있는 일도 만들어서, 그걸 꾸준히 해나가야 해요.

하나가 안 됐다고 인생이 다 실패한 것처럼 생각하니까 문제예요. 회사에 취직 안 됐다고 실패한 인생은 아니잖아요. 그렇게 취직이 안 돼도 살아갈 수 있는 능력을 갖추면, 나중에 취직이 되더라도 더 잘할 수 있는 거예요.

우리는 항상 부자가 되는 것만을 '극복'이라 생각하는데, 한쪽만 성공이라고 보니까 문제예요. 그럼 성공 확률이 얼마나 돼요? 몇 사람이나 성공하는데요? 그럼 나머지는 다 실패자예요? 자기 삶은 자기가 만들어나가는 겁니다. 누가 안 뽑아주면 내가 나를 키우면 되죠. 취직 안 됐을 때 살아남는 방법, 그걸 찾아야 해요.

근데 대부분 취직이 잘 안 돼요. 다 그런 거예요. 안 돼도 계속 노력해야죠. 그리고 안 되는데도 잘 살아남는 법, 그걸 배워야 해요.

김일환 잘 안 될 때 자기가 할 수 있는 것부터 하라고 하셨는데, 그래도 자기가 가고 싶은 길이 안 될 때 다시 일어날 수 있는 신앙의 비결이 있을까요?

김동호 인생이 가고 싶은 길로만 가는 법이 어디 있어요? 그러니까 그 생각에 잡히는 거죠. 어디를 가든지 겁낼 것 없는 것이 신앙 아닙니까?

우리가 길을 하나만 생각하는데, 잘 산다는 것에 대해 생각이 편협해요. 세상적인 가치관으로만 '잘 사는 것'을 가르쳤거든요. 그 기준 하나만으로는 다 실패자예요. 그리고 "쟤는 금수저, 부모 잘 만나 저렇고, 난 흙수저고, 사회가 이렇고 저렇고" 하면서 자꾸 불평만 하는데, 그런다고 자기 처지가 나아집니까? 그래서 환경이 따라주지 않을 때도 살아나는 생존 기술을 배워야 하고, 야성과 근성이 있어야 해요.

김일환 맞습니다. 이어령 선생님도 이런 말을 하더라고요. "모두가 한 방향으로만 뛰면 1등이 한 명뿐이지만, 360도로 뛰면 360명이 1등을 할 수 있어요"라고요. 꼭 길이 한 군데로만 정해진 것은 아니잖아요.

김동호 아, 당연하죠. 그런데 우리는 한 길밖에 몰라요. '성공'이라고 하면 딱 하나밖에 없다고 생각합니다. 우리 막내아이는 어렸을 때부터 아토피가 심했어요. 지금도 그렇고요. 아이 성격이 워낙 좋아서 그냥 잘 견디는 거지, 사실 얼마나 괴롭겠어요? 온몸이 간지러우니까 집중이 안 되고 공부를 꾸준히 할 수가 없어요. 그러니 학교 성적도 자연히 안 좋고요. 아이가 그러더라고요. 자기가 좋아하는 일을 해야 그걸 잊을 수 있다고요. 공부는 그냥 포기하고, 중고등학교 때부터 가방엔 늘 패션 잡지가 있었어요.

고3이 돼서 수능을 봤는데 점수가 안 좋았죠. 그날 집에도 안 들어오고 친구 집에 있더니, 저한테 메일이 왔어요. "아빠, 부끄러우시죠?"라고요. 아, 그거 보고 속이 상하더라고요. 바로 답장을 보냈어요.

"공부를 잘하면 좋긴 하지. 하지만 공부 잘하면 내 새끼고, 못하면 남의 새끼냐? 자기 자식이 성적 나쁘다고 그걸 부끄러워하는 아빠가 부끄러운 놈이지. 나는 안 부끄럽다."

제가 본 아들은 장점이 많습니다. 제가 제일 높게 보는 건 생명에 대한 존중과 애정이 깊다는 거예요. 고3 때도 학교 가다가 길 잃은 강아지가 있으면 학교에 안 가요. 그 개 집 찾아주는 게 훨씬 더 중요하대요. 근데 저는 그 모습이 좋아요.

고3이 개 신경 쓰고 있으니까 학교 성적은 당연히 떨어지죠. 어느 날은 무슨 독극물 먹은 까치를 안고 집에 왔어요. 병원 가서 겨우 살렸어요. 그건 남들이 갖지 못한 진짜 1등이에요.

그리고 아들이 옷도 좋아해요. 요즘은 자기 형들이 "우리 막내 천재다"라고 해요. 학교에서는 천재 소리 못 들었지만, 지금 옷 만드는 일 하는데 다 자기가 만든 거예요. 빈티지 가게 하거든요. 어딘가에서 빈티지 옷 사 와서 그걸 다시 손질해서 새로운 옷을 만듭니다. 제가 보기에도 참 잘 만들어요.

김일환 사이트 좀 알려주세요. 저도 사고 싶네요. (웃음)

김동호 마음만으로도 감사하네요. (웃음) 아들은 학교 공부 잘하는 걸로는 어디 갈 데가 없죠. 하지만 그 아이는 혼자 1등이에요. 창조적이잖아요. 우리나라 아이들이 불쌍한 게 사회의 편협한 사고에 가스라이팅을 당해서 그래요. 1등 아니면 안 되는 것처럼 만들어요.

실제로 어떤 엄마는 전교 1등을 못 하면 아들을 때리는 거예요. 그런 사람들이 있더라고요. 저야말로 가서 그 엄마를 한 대 때려주고 싶었어요. 그래서 그 아이가 전교 1등을 딱 하고 자살했습니다. 유서에 뭐라고 쓴 줄 아세요? "됐지? 엄마, 이제 됐지?"가 유서였어요. 극단적인 얘기지만, 은연중에 우리 아이들이 다 그쪽으로 몰려가거든요.

이력서 내서 되면 성공한 것이고 떨어지면 실패자고···.
아무것도 못 한다고 그러면서요. 세상에 할 일이 얼마나
많은데요. 우리가 아이들에게 생존 기술을 전혀 못 가르
쳐줬어요.

김일환 또 그것을 원론적으로 보면 교회가 그걸 보여줄 수 있고
알려줄 수 있다는 말씀이신 거잖아요.

김동호 네. 성공한 교회도 "예수 잘 믿으면 부자가 된다"라고 하
죠. 그리고 우리가 수능 입시 앞두고 기도회를 하는데,
그것보다 더 중요한 건 공부를 해야죠.
기도 더 하면 대학 가나요? 그런 거 없거든요. 성경에서
가르치는 것은 손이 수고한 대로, 공부한 대로 가는 거예
요. 그래서 저는 기도할 때 "붙여달라"고 기도하지 말라
고 합니다.
조금 더 좋은 성적을 얻을 수 있는 기도가 있다면, "실수
하지 않게 해주세요. 아는 거 틀리지 않게 해 주세요" 정
도는 할 수 있는 거지, 시험은 무조건 공부한 만큼 성적
이 나오는 게 좋은 거잖아요.

근데 교회마저도 교인들이 와야 하니까 "예수 믿으면 부
자 된다"라고 하고, "어떻게 했더니 부자가 되고 성공했

다"라는 간증을 하는데, 그렇게 된 사람은 간증이지만 안 된 사람은 '난 뭔가' 하게 되잖아요.

그렇게 해서 부자 되는 것 감사하고, 성공에 대한 책임감 가지고 잘 사는 것 좋지만, 가난하다고 못 살아요? 시험에 떨어졌다고 못 살아요?

김일환 그래서 더 교회 안에서, 우리가 목회자로서 써야 할 언어나 성경적인 지표에 대해 고민을 많이 하게 됩니다. 하나님께서 우리에게 어떤 '지점'을 주셨다고 믿어요. 그 지점은 단순히 성공과 실패, 부와 가난처럼 나뉘는 것이 아니라, 오히려 개인의 한계를 끊임없이 극복하며 새로운 가능성에 도전하는 자리라고 생각해요. 저는 복음을 그렇게 이해합니다.

"예수 믿고 천국 간다"라는 것도 중요하지만, 그보다 더 본질적인 건 복음이 우리를 계속 새로워지는 시간과 공간으로 이끌어 간다는 거예요. 익숙한 자리에서 머무르지 않고, 불편하지만 의미 있는 지점을 향해 나아가는 거죠.

하지만 오늘날 교회가 전하는 메시지를 보면, 여전히 "1등이 돼라"는 식의 언어에 머물러 있는 경우가 많습니다. 물론 성취를 목표로 삼는 것도 필요하겠지만, 그런 말만으로는 변화가 일어나지 않아요. 새로움이 없고, 여백이 없어요. 그런 점에서 방금 목사님 이야기를 들으면서 깊은 공감을 하였습니다. 교회가 그 정도만 가지고 메시지를 전할 수 있다면, 그것만으로도 많은 이들이 위로받고 살아날 수 있을 텐데요.

그리고 말씀하신 것처럼 삶에는 다양한 길이 있지만 우리는 너무 오랫동안 '한 길'만을 정답처럼 말해왔어요. 아쉽게도 많은 목회자가 그런 지점을 제대로 보지 못해서, 자연스레 그런 이야기를 해주지 못하는 게 아닐까 싶습니다.
결국 중요한 건 잘될 때뿐 아니라, 잘 안 될 때도 여전히 살아갈 수 있는 연습이 우리에게 필요하다는 거죠. 그 연습이 쌓이면, 언젠가 반드시 길이 열리게 되어 있어요.

예전에 목사님이 막내아들에 관해 설교하셨던 부분에서 기억에 남는 게 있어요. 생명에 대한 사랑이 깃든 말로 어떤 친구에게 "너는 사랑 곱빼기 두 개"라고 했다고요.

김동호 아, 우리가 교회 개척하고 남산 쪽방에서 사역했을 때 얘기예요. 쪽방에 노인들만 있는 게 아니라 아이들도 있어요. 부모들이 떠나고 이혼해서 할머니, 할아버지가 키우는 아이들이요.

조그마한 아이들이 벌써 사회에 대한 불만이 가득 차고 "이놈의 세상 불 질러 버리고 말까?" 같은 소리들을 하거든요.

특히 방학 끝나고 학교에 가면 다른 아이들이 '롯데월드 갔다', '썰매장 갔다', '스키장 갔다' 하면서 박탈감을 느껴요. 그래서 우리 청년부 아이들이 아이들 데리고 롯데월드도 다니고 눈썰매장도 다니고 그랬어요.

어느 날 교회 갔더니 로비에서 청년 아이들이 떡을 팔고 있어요. 그래서 "주일날 뭐 하는 짓이냐, 이 자식들아" 그랬더니 "떡 팔아서 아이들 썰매장 데리고 가겠다"라고 하더라고요. 그래서 그날 광고해줘서 십만 원어치 팔았죠. 그렇게 신나게 같이 다니면서 아이들 한 풀어주는 거거든요.

그래서 쪽방촌 아이들과 롯데월드를 갔다왔는데, 네다섯살쯤 된 아이의 눈이 사나워요. 거기 있는 아이들이 좀 사납고 눈에 독기가 있더라고요. "건드리기만 해 봐라"라는 그런 눈빛이요. 그날 우리 아들이 사진을 찍어놓고 "애 눈에는 왠지 가시가 있다"라고 썼어요. 그다음 말이 "그러므로 너는 사랑 곱빼기다"라고요. 그 마음은 서울대 나왔다고 되겠어요? 그건 서울대 수석한 것보다도 더 귀한 거예요.

우리 아들이 학교 성적이 좀 떨어진 것에 대해 한 번도 부끄러워하거나 속상해하지 않았어요. 그런데 그렇게 살았다고 우리 아들 못 살아요? 저도 대학 떨어지고 성격 내성적이고 사회 부적응했어도 사는 거 즐거워요. 좋은 친구가 있고 교회 생활 행복하면 사는 게 얼마나 즐겁고 좋은데요. 그래서 신앙은 아이들에게 잘 사는 법을 가르쳐 줘야 해요.

금전 출납부와 청부론의 실제

김동호 2010년도에 일 년에 총지출한 돈이 1억 1천 690만 원이에요.

김일환 지출한 돈이요?

김동호 네. 그러니까 부자죠. 절대 수도승처럼 안 살아요. 제가 쓸 것도 다 정해놨죠. 그 대신 불필요한 데는 안 써요.

김일환 그래서 7천 원짜리 커피는 좀 아깝더라도 몇천만 원짜리는 쓰시는군요.

김동호 7천 원짜리 커피는 못 사 먹어요. 손님하고 있으면 대접

하는 건 돼도 혼자 먹는다면 안 사요. 안 하는 게 아니라 못 사는 거예요. 그런데 요즘 백화점에서는 7천 원짜리 커피들이 있더라고요.

김일환 목사님, 그러면 금전 출납부에 대해서도 조금 더 얘기해 주실 수 있으실까요? 몇 년도부터 쓰신 거죠?

김동호 2002년이에요.

김일환 금전 출납부 첫 장에 있는 문장이 참 인상 깊어요. 자녀들 이름 넣고 쓰신 거 말이에요.
"돈에 대하여…
사랑하는 아들 부열, 지열, 정열에게
큰 부끄럼 없는 아비가 되기 위한 기도."

김동호 그렇죠.

김일환 목사님, 금전 출납부에서 가장 의미가 있는 지출이 있으실까요?

김동호 가장 인상 깊은 것만 생각하려면 이만한 돈을 쓸 수가 없어요. 사소한 것, 기억 못 할 일들이라도 마음이 움직이면 빨리 쓰는 거예요. 크고 가치 있는 일에만 쓰려고 하면 몇 번이나 쓰겠어요? 그때그때 보고 마음이 움직이면 빨리 보내야 시기를 놓치지 않죠.

김일환 지금도 금전 출납부를 쓰고 계신 거예요?

김동호 지금은 안 써요. 안 쓰는 이유가 뭔지 아세요? 이제는 이 생활이 그냥 몸에 배지 않았겠어요? 그렇게 살려고 연습하고 노력했던 거죠.

김일환 자녀들에게 줄 소중한 유산이네요.

김동호 아이들은 이미 그렇게 살아요. 그래서 우리 아이들에게 굳이 줄 필요가 없어요. 그래도 하여간 버리지 않을 거예요. 어떻게 버리겠어요? 그런데 또 자칫 잘못하면 자랑이 되잖아요.

김일환 자랑보다는 교과서가 될 것 같습니다.

김동호 그럴 수 있겠죠.

김일환 그야말로 깨끗한 부자네요.

김동호   음,《깨끗한 부자》를 썼으면 흉내라도 내야 하잖아요.

김일환   그야말로 청부론입니다.

김동호   저도 오랜만에 보니까 추억이 새롭습니다. 나름대로 하
나님 앞에 약속한 게 있잖아요. "이만큼 생기면 이만큼
내겠습니다" 한 건데, 열심히 돈을 썼는데도 연말에 가서
정산해보면 덜 내고 있어요. 그러면 다시 연말정산하듯
이 지켜놓고 새해를 맞습니다. 연말 가서 2~3천만 원을
더 내야 할 때도 있었어요.

김일환   그럼 또 지출하시고요.

김동호   그렇죠. 그러니까 하나님께 약속한 대로 못 낸 거죠. 왜
냐하면 쓰는 것도 힘들어요. 아까워서가 아니라 함부로
쓸 수 없고 의미 있게 써야 하니까. 그러다 밀리고 잊어버
리고요.
그러면 부지런히 "어디다 써야 하나?" 하고 찾습니다. 그
동안은 일부러 찾는 게 아니라 보이는 대로 쓰다가 나중
에 모자랄 때는 찾아서 보내야죠. 그런 것들이 여기 기록
에 다 있는 거예요. 한꺼번에 연말에 처리하는 것도요.
근데 함부로 공개 못 하겠는 거예요. 우리 막내가 보더니

"목사가 무슨 돈이 이렇게 많이 생겼냐, 근데 생긴 걸 어떡하냐?" 하더라고요.

김일환 그래도 오랫동안 교회에서 활동하는 범위가 있으셨으니까요.

결국 중요한 건 잘될 때뿐 아니라,
잘 안 될 때도
여전히 살아갈 수 있는 연습이
우리에게 필요하다는 거죠.
그 연습이 쌓이면,
언젠가 반드시 길이 열리게 되어 있어요.

Gospel

"

PART

05 ── 결국,
복음이란
무엇인가?

"

——————— 진리가 어떻게 발전합니까? 진리는 발전하지 않아요. 발전한다면 비진리라는 소리예요. 완전하지 못하기 때문에 발전하는 거거든요. 하나님나라가 어떻게 발전해요? 하나님나라는 그냥 그대로 있는 거예요. 사람은 저쪽으로 갔다가 이쪽으로 와요. 오다가 중심을 잡지 못하고 또 치우치면서 가는 거예요. 그래도 무너지지 않는 것은 '복음'이라고 하는 중심이 있기 때문이고요.

마지막 장은 '미래'를 묻는 질문에서 출발하지만, 대답은 끝내 '오늘'로 돌아온다. 조국 교회는 시대마다 흔들리고 추락하기도 했지만, 언제나 새순처럼 다시 살아났다. 교회를 지키는 것은 사람의 능력이 아니라 복음이라는 변치 않는 중심이라고 대답한다.

흐름이나 유행으로 교회의 미래를 설명하려는 시도에 대해 김동호 목사는 회의적이다. 숫자로 부풀려진 부흥은 오래가지 못하고, 사회적 조건에 기댄 성장 역시 금세 사라진다. 그러나 복음은 시대가 달라져도 사람을 변화시키고 중심을 바로 세우는 힘을 잃지 않는다고 말한다.

그래서 미래를 준비하는 가장 신앙적인 태도는 '오늘을 단정히 살아내는 것'이라고 강조한다. 아직 오지 않은 염려를 오늘의 삶으로 끌어오지 않고, 오늘 주어진 자리에서 정직하게 살아가는 사람에게는 어떤 10년이 와도 흔들리지 않는 힘이 생긴다는 것이다.

대담은 자연스럽게 김일환 목사의 질문으로 마무리된다. "지금 이 길을 계속 걸어도 되는가?"라는 물음에 대해, 김동호 목사는 지금의 삶에서 기쁨을 누리고 있다면 그 자체가 하나님의 기회라고 말한다. 결국 이 장은, 교회의 미래보다 '오늘의 중심'을 묻는 것이야말로 가장 미래적인 신앙 태도임을 보여주며 끝맺음한다.

"

10년 뒤는 어떻게 변해 있을까?

김일환 목사님, 다시 복음이라는 게 가난과 부를 넘어서 우리의 삶에 들어오고, 가난해도 잘 살 수 있고 부해도 잘 살 수 있는 삶을 진정한 신앙의 원리로서 이해하게 되는 게 참 귀감이 되는 것 같습니다.

연이어서 질문드리자면 이겁니다. 목사님이 10년 뒤를 생각할 때, 한국교회는 어떻게 변해 있을까요?

김동호 기독교 역사가 2천 년이에요. 개신교 역사도 그렇죠. 교회가 지금처럼 암담하고 힘든 적이 한 번도 없어서 여기까지 왔을까요?

김일환 그렇진 않죠.

김동호 기독교 역사가 이보다 더 망가지고 어려운 때도 있었어요. 사람의 역사는 늘 그래요. 사람의 눈으로만 보면 십년을 버티겠어요? 무너질 것같이 보이고, 무너지기도 할거예요. 한국교회는 당분간 더 추락할 겁니다. 그렇지만 성경에 "밤나무와 상수리나무가 베임을 당하여도 그 그루터기는 남아 있는 것같이 거룩한 씨가 이 땅의 그루터기니라 하시더라"(사 6:13)라고 했잖아요. 교회 역사는 하나님이 지키시죠. 사람이 교회를 지킵니까? 완전히 파괴하고, 망가뜨리고, 고장 내는 게 사람이 하는 짓인 거예요.

그렇다고 세계의 시계가 멈추는 건 아니잖아요. 그랬으면 벌써 망해서 역사도, 지구도 남아나지 않았겠죠? 그런데도 10년 후가 아니라 100년 후, 예수님 오실 때까지도 세상은 계속 흘러가는 거예요. 그리고 하나님의 마지막 때에는, 새 하늘과 새 땅을 여시겠죠. 그러니까 10년 후에 어떻게 될까, 그런 생각은 너무 안 해도 됩니다.

그리고 결코 사람의 힘으로는 좋아지지 않아요. 그러나 반드시 언제나 희망이 있는데, 절망할 게 뭔가요? 타락한 사람들이 힘이 세 보여서 당장 무너질 것 같지만 무너지지 않고 또 새 사람이 나오는 거예요. 새순이 돋아나는 생명력은 거기 있거든요. 그럼 그곳에 사람들이 또 모이고 각성하게 돼서 새로운 운동이 일어나는 거죠.

김일환 하비 콕스(Harvey Cox)라는 미래 신학자가 있는데요.

김동호 제가 제일 좋아하던 사람이에요.

김일환 아, 정말요? 저도 굉장히 좋아합니다.

김동호 《세속도시》, 《신의 혁명과 인간의 책임》은 외울 만큼 읽었어요.

김일환 대단하십니다. 그 하비 콕스가 말년에 미래적인 부분을 많이 준비했는데, 그 주제 중 하나가 바로 제3세계 기독교예요. 라틴아메리카, 그러니까 아르헨티나나 브라질 쪽이요. 그런데 흥미로운 건, 그가 확실히 뭔가 '있다'라고 판단하더라는 거예요. 기독교의 굵직한 흐름과 정신, 절기가 아시아를 거쳐 한국까지 왔다가 중국을 넘지는 못하고, 이제는 라틴아메리카 쪽으로 넘어간다고 보는 거죠.

그가 《하늘로부터 내려온 불》이라는 책을 쓰면서 강조한 세 가지 키워드가 있어요. 여성, 영성, 음악. 다시 말해, 이 세 가지가 교회가 뜨겁게 일어날 때 특징적으로 나

타나는 요소들이라는 거예요. 여성의 권익 신장, 영성의 회복, 음악의 재발견, 이런 것들을 통해 교회가 성장하고, 성령이 역사하신다는 거죠. 사람은 성령의 역사를 믿으니까요.

그런데 흥미로운 점은, 한국교회는 꼭 그런 패턴을 따르지는 않는다는 거예요. 순복음교회에서 하비 콕스를 초청해서 '여성, 영성, 음악'이라는 관점으로 교회에 관한 논문을 써달라고 했지만, 그는 전혀 다르게 해석했습니다. 한국교회는 신비주의보다는 복음주의로, 그리고 복음적인 방식으로 일어나고 있다고 말했어요. 하비 콕스 같은 미래학자는 한국교회를 변화무쌍한 공동체라서 하나로 특징 지을 수 없는 교회로 이야기했거든요.

그래서 목사님께 여쭤보고 싶은 질문은 다시 한국교회가 일어날 수 있다면, 어떤 특징이나 가능성이 있을까요? 그리고 그 지점이 있다면 말씀해주세요.

다시, 복음이란 무엇인가?

김동호 교회가 일어나는 것을 무슨 현상, 움직임, 어떤 추세나 흐름에서 자꾸 보려고 하는 경향이 많습니다. 또 실제로 그렇게 보이기도 하는데, 저는 별로 관심이 없습니다. 왜 관심이 없는가 하면, 눈에 보이는 변화는 일으키지만 진정한 변화인가에 대해서 회의가 많거든요.

교회 숫자가 늘어날 수도 있지만, 부풀려지고 왜곡되는 면도 상당히 많다고 생각해요. 왜곡되기 때문에 어느 시대가 되면 또 꺼지고 바뀌어요.

근데 진리가 어떻게 바뀝니까? 복음이 어떻게 유행을 탑니까? 복음은 예전이나 지금이나 똑같은 것이죠. 그러니까 복음이 무엇인가에 대한 깨달음, 거기에서 나오는 것이 더디어도 진짜 성장이고 부흥입니다.

기복주의적으로 기독교를 몰아가면 숫자는 훨씬 더 폭발시킬 수 있어요. 그런데 때가 되면 시들해집니다. 한 나라에 국민 소득이 7천 달러가 넘어가면 기독교는 죽는다고 해요. 사회학자들이 그렇게 얘기하잖아요. 예수 안 믿어도 잘 되니까요.

말한 대로 라틴아메리카로 그렇게 흘러갈 수 있겠죠. 지금은 가난하니까요. 그런데 그들이 우리나라처럼 부유해지면 '또 왜 죽는가?' 하면 복음의 진수가 아니기 때문이에요. 그러니까 "예수 믿으면 부자 된다"라고 했었는데 "부자 됐으니까 예수 안 믿어도 되겠네"라고 나오는 공식이잖아요.

여성의 지위가 없고 불평등한 곳에서는 기독교가 기폭제가 될 수 있어요. 한국교회에도 여성들이 기여했거든요. 그런데 여성의 권익이 신장하고 민주화되면 그것도 죽을 것 아닙니까?

왜냐하면 요즘은 교회 아닌 데서도 양성평등 얘기 많이 하잖아요. 복음하고 관계 없이도 양성평등, 여성의 권익 신장을 한다고 하는데, 그런 것에서 오는 부흥은 결국 끝날 거라고요.

여성의 권익을 일으키고 인정해주고 그것이 교회 건강에 영향을 끼치는 걸 부인하는 게 아니에요. 그렇지만 제일 중요한 건 복음의 능력입니다. 더뎌 보여도 복음이 능력이 가져오는 성장을 기대해야죠. 그래서 흐름이나 추세에 별로 관심이 없습니다.

그리고 앞으로의 교회 모습은 미래나 어제나 오늘이나 똑같죠. 뭐 좀 다를까요? 그러나 삶은 많은 변화가 있었어요. 경제적으로만 얘기하면, 바닥에서 하늘로 올라갔습니다. 세대가 세대니까요. 좋은 차 타고, 좋은 거 먹고 다닐 수 있는 것, 골프 치고 좋죠. 그렇지만 예전에 한 달에 만 원 월급 받았을 때도 행복했어요.

그러니까 돈이 있으면 좋은 거지만 돈이 없어서 불행하다는 생각 안 하고, 돈이 많으면 좋아질 것 같다는 생각

안 하는 거죠. 쉽게 말하면 교회 생활 잘하고 신앙생활 잘해서 행복했던 거예요. 지금도 마찬가지고요. 그러니까 경제적인 발전은 좋지만, 경제적인 발전이 세상을 바꾸리라는 생각은 안 합니다.

김일환 그럼 오히려 복음이라는 지점이 앞으로 한국교회가 다시 추구해야 할 지점이라고 얘기하시는 건가요?

김동호 다 무너져도 기독교의 역사나 세계의 역사가 끊어지지 않는 이유는, 복음이 있기 때문이에요. 흐름이라는 건 늘 왼쪽에서 오른쪽으로, 또 오른쪽에서 왼쪽으로, 밤낮이 바뀌듯 움직이는 거잖아요. 그래서 역사도, 신학도 좌우와 상하로 흐르게 되어 있어요.

초월주의에서 내재주의로, 한때는 우로 갔다가 다시 좌로 갔다가…. 그러다 보면 어느 순간에는 또 내다볼 수 있어요. "아, 다음에는 우로 가겠구나." 왜냐하면 거기가 비어 있으니까요. 좌익 운동을 하던 사람들이 어느 순간 우로 옮겨가기도 해요. 우리 기장 교단이 한때 민주화 의식이 가장 강했잖아요. 그런데 그분들 중 일부가 어느 순간 성령파로 바뀌더라고요. 결국 균형을 맞춰가야 하니까요.

그런데 왜 그런가 하면, 어느 한쪽이 옳다고 하면서도 그 안에 비는 부분이 있어요. 좌의 결여는 우가 메워주고, 또 반대의 경우도 있습니다. 그걸 인식하고 움직이는 사람들은 정직한 사람들이에요.

근데 지나치다는 건 중심을 못 잡고 한쪽으로 확 가는 거예요. 진리는 좌와 우의 균형인데, 이리 갔다 저리 갔다 하면서 역사의 발전이 있는 거죠.

김일환 그렇죠. 대결도 하고요.

김동호 네. 그런데 여기서 진리가 어떻게 발전합니까? 진리는 발전하지 않아요. 발전한다면 비진리라는 소리예요. 완전하지 못하기 때문에 발전하는 거거든요. 하나님나라가 어떻게 발전해요? 하나님나라는 그냥 그대로 있는 거예요.

사람들이 왔다 갔다 하는 건데 다행스러운 건 양심이 있는 사람은 저쪽으로 갔다가 이쪽으로 와요. 오다가 중심을 또 잡지 못하고 또 치우치면서 가는 거예요. 그래도 무너지지 않는 것은 '복음'이라고 하는 중심이 있기 때문이고요.

그러니까 중심을 잡는 곳이 있어야죠. '지금 흐름이 어떠냐? 역사가 어디로 흘러가냐? 어떻게 가면 부흥하겠느냐?'라고 묻는 것은 잘못하면 위험할 수 있어요. 그냥 중심 잘 잡고 있으면 됩니다. 하나님은 어제나 오늘이나 똑같은 분이니까요.

그러니, 오늘 무엇을 준비해야 하는가?

김일환 거대한 주제인데 명확하고 단순하게 얘기를 해주셔서 통쾌합니다. 확실히 목사님 설교가 젊은 사람들에게 힘이 되는 것 같아요. 10년 뒤를 생각할 때 지금의 관점에서 특별히 어떤 부분을 준비하라고 권면해주실 게 있을까요?

김동호 그냥 오늘 잘 살아요. 오늘 잘 살면 어떤 10년 후가 와도 문제없습니다. "10년 후가 어떻게 될 테니까 지금 뭘 하라"라는 것도 지혜일 수 있어요. 하지만 그렇게 준비했는데 안 되면 어떡할 거예요? 10년 후가 어떻게 될지 분석할 수는 있겠죠. 그렇지만 우리 아이들한테 "10년 후를 위해서 이걸 전공해라" 하고 싶진 않거든요. 그냥 "너 하고 싶은 것 해라"라고 하고 싶어요.

김일환 오늘을 잘 살자!

김동호 그렇죠. 내일은 없다는 말이 아니에요. 오늘을 잘 살면 내일은 어떻게 되든 잘 살 수 있다는 거예요. 똑같은 원리입니다. 신앙의 능력을 갖추면 미래가 불안하지 않습니다. 무슨 일을 만나든지 "만사형통하리라"죠. 어떤 일을 만나야만 형통한 게 아니에요. 무슨 일을 만나든지요. 그런데 사람들은 무슨 일을 만나든지 자신이 없으니까 자기가 원하는 것만 생각하잖아요. 그러니까 점쟁이들이 밥 먹고 사는 거예요. "너 이것 하면 성공할 수 있다"라고 하니까요. 저처럼 얘기하면 점쟁이들이 다 굶어 죽겠죠.

미래가 어떻게 될지 예측해볼 수 있겠지만 예측해서 그렇게 살고 싶지 않고, 불확실한 세상 속에서도 언제든지 확실하게 살 수 있다는 것이 믿음이에요. 불확실한 세상을 어떻게 해서 맞춰가는 건 아닌 것 같아요.

김일환 감사합니다. 목사님은 요즘 고민 없으신가요?

김동호 없어요.

김일환 없으세요?

김동호 네. 저는 행복하고 감사해서 고민할 거 없어요. 사는 데

힘든 일이 없어서가 아니라 고민거리가 있는 게 당연하다고 생각하기 때문입니다. 고민이 생길 때 풀면 되는 거죠. 예를 들면 암에 걸렸잖아요. 암 환자들이 제일 많이 하는 게 뭔지 아세요? 유튜브 찾는 거예요. 검색을 온종일 해요. 어떻게 병이 진행되는지 보고 싶고, 알고 싶은 거예요. 정확한 정보들이 많거든요.

어느 날 생각해봤어요. "아, 아는 게 병이구나" 그렇게 될 수도 있고 안 될 수도 있지만 앞으로 될 일을 예측해서 그때 일어날 고민을 미리 끌고 와서 생고생하는 거라고요.
성경이 그러잖아요. "내일 일은 내일이 염려할 것이요"(마 6:34). 그런데 우리는 내일 염려를 이자까지 붙여서 오늘로 끌어와서 고생하는 거거든요.
'아직 괜찮은데, 아직 열흘은 더 살 수 있는데…', 그럼 죽을 날 가서 죽을 생각하면 되잖아요. 살아 있는 동안은 어떻게 살 것인가를 생각해야지, 왜 닥치지도 않은 일을 미리 가불해서 오늘 걱정하냐는 거예요.

김일환 목사님, 아름답습니다. 평가할 건 아니지만, 학자들의 평가에 의하면 목사님은 '죽음을 극복하신 분'으로 볼 수 있을 것 같아요.

《데스(Death)》라는 책을 쓴 하버드 교수 셸리 케이건(Shelly Kagan)이 있습니다. 그는 죽음을 평생 탐구해 온, 전 세계적으로 손꼽히는 세 명의 인문학자 중 한 명이에요. 이들이 말하는 '죽음을 극복한다'라는 개념은 이렇습니다.

죽음을 앞에 두고도 오늘의 삶, 지금 이 삶의 의미가 더 클 때, 그때 죽음은 극복되는 거라는 겁니다. 반대로, 삶의 의미가 희미하면 생물학적으로 살아 있어도 죽음이라는 개념에 함몰되어, 이미 죽은 존재로 정의된다는 것이죠.

김동호 살아 있는 동안에 죽음을 걱정하는 건 바보 같은 짓이 잖아요. 죽을 때 가서 죽으면 되잖아요. 우리 교회 집사님 한 분이 지금 굉장히 어려운 암을 앓고 계신데, 교회에 와서 간증하라 그랬어요. 그랬더니 아주 근사한 간증을 남겼습니다.

"죽을 때까지 죽지 않겠습니다. 살아 있는 동안 살겠습니다."

항암 부작용으로 얼굴이 부어 있는데도 막 웃고 다녀요. 잘 사는 사람이죠.

저는 안 죽나요? 죽죠. 죽음을 극복했다는 건 죽지 않는다는 게 아니에요. 많은 사람은 죽음이 삶을 이겨요. 멀

쩡한 삶이 죽기도 전에 이미 죽어 있거든요.

김일환 죽지 않았음에도 자기의 죽음을 경험하는 것이고, 신앙을 발휘하지도 못하고 행복하지도 못한 것은 괴로운 상태인 거죠.

김동호 네. 아침에 일어나자마자 암 걱정은 미루고 은혜를 받아요. 그러면 은혜가 고난을 이겨요. 걱정과 은혜가 둘 다 여기 있는데, 누가 먼저 선점하느냐가 중요하거든요. 그런데 아침에 일어나서 걱정을 먼저 봤어요. 그다음에 은혜를 받아도 소용없어요. 이미 걱정이 선점했죠. 그래서 아침에 일어나면서 눈 뜨면 '날마다 기막힌 새벽'으로 채우기로 한 거예요.
제가 목회하면서 가장 힘들었을 때의 방법이었어요. 그래서 이겼거든요.

김일환 너무 아름답고 좋습니다.

개인적인 목회 고민과 삶의 만족

김일환 개인적으로 고민도 한번 들어주세요. 저는 교회를 개척했고 또 정말 모든 저의 인생이 저희 교회로 이해받기를 원해요. 교회를 가장 사랑하거든요. 그런데 계속 이렇게 살아도 되는 거겠죠?

김동호 지금 이렇게 살아도 되지 않으면, 뭐가 돼도 안 돼요. 지금 행복해야죠.

김일환 지금 정말…. 행복합니다.

김동호 그러면 됐죠. 저는 굉장히 열등감이 심했던 사람이에요. 예수 안 믿었으면 망했을 사람인데, 열등감에 사로잡히면 모든 게 부정적이 되고 현실에 만족하지 못하고 밤낮 앞만 내다봐요.

제가 좋아해서 많이 하는 설교가 있어요. 에베소서에 보면 "그런즉 너희가 … 지혜 없는 자같이 하지 말고 오직 지혜 있는 자같이 하여 세월을 아끼라"(엡 5:15,16)라고 되어 있어요.

세월을 낭비하는 게 어리석음이거든요. 근데 "세월을 아끼라"라고 하는 헬라어 원문이 '주어진 기회를 잘 활용하라'는 의미예요. 다른 말 같은데 주어진 기회를 잘 활용하면 세월을 아끼는 거고, 하나님이 기회를 주셨는데 놓치면 낭비하는 거죠. 그런데 '주어지는 기회를 놓치지 마세요'가 아니라 '주어진 기회'예요. 이건 굉장히 중요한 차이예요.

우리는 기회라고 하면 '주어지는 기회'라고 생각해요. 기회는 늘 미래에 있다고 생각하거든요. 그러면 현재의 기회를 못 보는 거예요. '주어진 기회'라는 건 이런 거예요. 수원지에서 물이 파이프라인을 타고 우리 집 수도꼭지까지 몇 분 만에 나와요? 1초 만에 나오죠. 1초도 안 걸리죠. 틀면 나오잖아요. 왜냐하면 파이프라인에 물이 꽉 차 있으니까요.

하나님의 기회도 꽉 채워져 있다는 건데, 사람들은 지금이 기회가 아니라고 생각해요. 그러니까 밤낮 "기회 언제 오나?" 그럽니다.

고등학교 때 선생님이 그랬어요. "누구나 인생의 기회는 세 번 온다. 앞머리는 사자 같고 뒷머리는 대머리 같아서 앞에서 잡아야 한다."

저는 말 잘 듣는 학생이었으니까 기억하고 있었어요. "오기만 하면 첫 번째에 잡는다" 하고. 나중에 생각해보니까 '아, 내가 속았구나. 지금이 기회인데' 싶었죠.

근데 자존감이 낮아지면 3백 명 목회하는 친구, 대형교회 목사 친구를 보면서 "나는 뭐지? 저 친구는 벌써 저기가 있는데…" 하며 비교하게 돼요. 그러면 지금 내 목회를 교인들과 행복하게 잘할 생각은 안 하고, 자꾸 "어떻게 하면 내가 교회를 3백 명 만들고, 1천 명 만들고…"에 빠져들게 되는 거예요.

그 순간 인생 게임 끝이에요. 천 명이 돼봐야 행복하지 않습니다. 성공한 것도 아니고요. 만 명 해봐도 잘못하면 타락하는 겁니다. 30명 목회를 진짜 잘하고 행복하게 하는 사람이 만 명, 이만 명 목회도 잘 맡을 수 있어요. 그게 건강한 거예요.

저도 "평생 이렇게 살아도 되나?" 그런 고민이 들 때가 있었습니다. 예전에 제가 150명 교회 담임목사였을 때, 전교인 배가부흥운동 한다고 나섰다가 하나님이 못마땅해하신 적이 있어요. 그때 결심했죠. "그래, 내가 평생 150명 목회하면 그것도 큰 것이다."

그때도 150명을 '겨우'라고는 생각 안 했습니다. "평생 150명만 목회하다 죽어도 그만이다. 150명 교인을 진심으로 행복하게 해줘야지", 그게 먼저였어요. 물론 100명 되면 좋고, 200명이 되면 더 좋죠. 그렇지만 숫자가 목회의 최고 가치는 아니에요.

김일환 목사님은 살면서 누가 부럽거나 되고 싶거나 하신 적 없으세요?

김동호 제가 좋은데 누구를 부러워하나요? 속으로 '네가 날 부러워해야지, 내가 왜 너를 부러워하냐?'라고 생각해요. 건방지지만요. 가끔은 그냥 "아이, 뭐 좋겠다. 그렇게 살면 좋겠다" 하기도 하죠. 그렇지만 부럽지는 않아요. 하나도 부럽지 않아요.

그런데 정말로 부러워하는 삶이 저한테도 있거든요. 하나님나라를 사는 거예요. 정말 예수 잘 믿어서 하나님나라를 사는 사람. 그런 사람 말곤 별로 부러운 것 없어요. 어디 큰 아파트, 연봉이 얼마 되고…. 다 대개 부러워하죠. 그렇지만 하나님나라를 사는데 저기 100평짜리 아파트 사는 사람 부러워할 게 뭐가 있어요? 살면서 조금 불편하냐 편하냐 차이지, 평안하냐 불안하냐 차이는 아니거든요.

근데 100평짜리 아파트에 사는 사람들은 도리어 불안해요. 밤낮 주식이 올라가나 내려가나 신경 써야 하잖아요. 단칸방에 살아도 '어디나 하나님나라'라고 하면 잘 사는 건데, 그들이 저를 부러워해야지 왜 제가 부러워해요?

김일환 아, 정말 좋습니다.

김동호 그렇잖아요. 요즘 애들이 말은 잘하더라고요. "부러워 하면 지는 거라고." 정말 그렇거든요. 부러워하는 순간 진 거거든요. 우리는 뭐든지 남하고 비교하는 데서 가스 라이팅 당한 거예요. 부모들이 다 그렇게 가르치고 자기 들이 그렇게 살고, 그것밖에 보이지 않으니까 잘 살 확률 이 떨어지는 거예요. 로또 당첨되는 데 승부를 거는 것과 같으니까. 로또 당첨 안 되면 뭐 다 망하나요? 그렇지 않잖아요.

김일환 저는 일찍 개척했고 어느 정도⋯, 아니, 거의 100퍼센트 교회에 집중하고 있습니다. 저도 삶이 행복하고 감사하 고 여기서 얻어지는 많은 의미가 충만하게 있어요. 근데 진짜로 내일 죽을지 언제 죽을지 모르지만 이렇게 살아 도 되나 정말 궁금해서 한번 여쭤본 거였어요.

김동호 궁금하다는 건⋯, 그렇게 하지만 빈 곳이 있는 거예요. 정말로 행복하다면 생각도 안 할 거예요. 그러니까 생각 도 하지 않을 정도까지 가는 게 쉽지 않아요. "정말 이렇 게 살아도 되는 건가?"는 회의거든요. "아, 난 정말 평생 이렇게 살아도 좋아"까지 가야죠. "정말 이렇게 살아도 괜찮긴 괜찮은데, 정말 이렇게 살아도 되는 건가?"라고 하는 회의는 남아 있잖아요. 확신해야죠. "정말 이렇게 살아도 난 좋다!" 거기까지 가야죠.

김일환 귀한 가르침 감사합니다.

기독교 역사가 이보다 더 망가지고
어려운 때도 있었어요.
사람의 역사는 늘 그래요.
사람의 눈으로만 보면 십 년을 버티겠어요?
무너질 것같이 보이고, 무너지기도 할 거예요.
그렇지만 성경에 "밤나무와 상수리나무가
베임을 당하여도 그 그루터기는
남아 있는 것같이 거룩한 씨가
이 땅의 그루터기니라
하시더라"(사 6:13)라고 했잖아요.
교회 역사는 하나님이 지키시죠.

신앙은 가난을 극복할 수 있는가?

초판 1쇄 발행	2026년 1월 6일
지은이	김동호, 김일환
펴낸이	여진구
책임편집	이영주 진효지
편집	최현수 구주은 안수경 김도연 김아진 배예담
책임디자인	정은혜 마영애	노지현 조은혜
마케팅	김상순 강성민
제작	조영석 허병용

마케팅지원 최영배 정나영
경영지원 김혜경 김경희 김영하

303비전성경암송학교 유니게 과정
이슬비전도학교 / 303비전성경암송학교 / 303비전꿈나무장학회

펴낸곳 규장

주소 06770 서울시 서초구 매헌로 16길 20(양재2동) 규장선교센터
전화 02)578-0003　팩스 02)578-7332
이메일 kyujang0691@gmail.com
페이스북 facebook.com/kyujangbook
카카오스토리 story.kakao.com/kyujangbook
등록번호 1922-2461
since 1978.08.14

홈페이지 www.kyujang.com
인스타그램 instagram.com/kyujang_com

ⓒ 저자와의 협약 아래 인지는 생략되었습니다.
이 출판물은 저작권법에 의해 보호를 받는 저작물이므로 무단 전재와 무단 복제를 할 수 없습니다.

책값 뒤표지에 있습니다.
ISBN 979-11-6504-678-1 03230

규 | 장 | 수 | 칙

1. 기도로 기획하고 기도로 제작한다.
2. 오직 그리스도의 성품을 사모하는 독자가 원하고 필요로 하는 책만을 출판한다.
3. 한 활자 한 문장에 온 정성을 쏟는다.
4. 성실과 정확을 생명으로 삼고 일한다.
5. 긍정적이며 적극적인 신앙과 신행일치에의 안내자의 사명을 다한다.
6. 충고와 조언을 항상 감사로 경청한다.
7. 지상목표는 문서선교에 있다.

하나님을 사랑하는 자 곧 그의 뜻대로 부르심을 입은 자들에게는 모든 것이 合力하여 善을 이루느니라(롬 8:28)